# Chefs-d'oeuvre impressionnistes du Musée du Jeu de Paume

# Chefs-d'oeuvre impressionnistes du Musée du Jeu de Paume

|  |  |
|---|---|
| Préface de | MICHEL LACLOTTE |
|  | *Inspecteur général des Musées, chargé de la conservation du Département des peintures du Musée du Louvre et des collections du Musée d'Orsay* |
| Introduction de | EDWARD LUCIE-SMITH |
| Commentaires de | ANNE DISTEL |
|  | CLAIRE FRÈCHES-THORY |
|  | SYLVIE GACHE-PATIN |
|  | GENEVIÈVE LACAMBRE |
|  | *Conservateurs au Musée d'Orsay, Paris* |

*Avec 73 planches en couleurs*

THAMES AND HUDSON

Introduction traduite de l'anglais par Lulu Sadler

ISBN: 0 500 27323 5

Clichés: Musées nationaux, Paris

Photogravure couleur: Cliché Lux S.A., La Chaux-de-
Fonds (Suisse)
Impression et reliure: Royal Smeets Offset b.v., Weert
(Pays-Bas)
Achevé d'imprimer 4e trimestre 1983

# SOMMAIRE

# PRÉFACE

L'histoire des collections nationales de peintures impressionnistes, aujourd'hui présentées au Musée du Jeu de Paume, commence en 1890, lorsqu'à l'initiative de Claude Monet, inquiet d'un possible départ de l'œuvre pour les Etats Unis, une souscription publique fait entrer l'*Olympia* de Manet au Musée du Luxembourg. Deux ans plus tard, l'Etat achète à Renoir les *Jeunes filles au piano*. Mais, après des années d'indifférence ou d'hostilité des pouvoirs publics — méfiance partagée d'ailleurs par bon nombre d'amateurs et de critiques —, on ne peut encore y trouver, il faut le constater, le signe d'une reconnaissance officielle. Certes le legs de la collection Caillebotte (1896), comprenant des œuvres maîtresses de Manet, Renoir, Cézanne, Sisley, Monet ou Pissarro n'est pas refusé, comme l'a longtemps répété une légende tenace ; du moins n'est-il que partiellement accepté.

En 1900, l'Exposition Universelle a marqué la fin de l'opposition systématique de l'administration des Beaux-Arts, sinon de l'Académie, aux peintres désignés sous le nom d'Impressionnistes et de Post-impressionnistes. Mais la souscription ouverte en 1901 pour acheter le grand tableau de Gauguin, *D'où venons-nous ? Que sommes-nous ? Où allons-nous ?*, maintenant à Boston, échoue. C'est à la générosité privée que les collections nationales doivent de se constituer. Etienne Moreau-Nélaton (1906) donne, parmi d'autres chefs-d'œuvre, *Le déjeuner sur l'herbe* de Manet, et Isaac de Camondo (1911) d'admirables séries d'œuvres de Degas, Monet, Cézanne et déjà un premier Van Gogh.

Dès lors, les acquisitions ne vont plus cesser d'enrichir ce fonds initial : dons de familles d'artistes (Toulouse-Lautrec en 1902 ; Bazille en 1904 et 1924 ; Renoir en 1923 ; Monet en 1927 ; Pissarro en 1930) ; achats à la vente Degas (1917) ; dons surtout d'amateurs avisés et généreux (May, Kœchlin, Pellerin, David-Weill, Rouart, Goujon, Gangnat, du Cholet, Quinn) ainsi que de la Société des Amis du Luxembourg. La collection est déjà importante lorsqu'elle est transférée en 1929 du Luxembourg au Louvre. Le legs de la collection Personnaz (1937) constitue le dernier accroissement majeur avant la guerre.

Comment ne pas regretter aujourd'hui que durant cette période, l'entre-deux-guerres, des moyens financiers conséquents n'aient pas autorisé un plus grand nombre d'achats, retenant en France quelques-uns des chefs-d'œuvre d'une peinture longtemps méconnue, et désormais entrée dans l'histoire ?

Au lendemain de la Libération, dans la clarté retrouvée des Tuileries et alors que les artistes de la nouvelle génération s'enivrent de peinture pure, l'ouverture du Jeu de Paume en 1947 signale le triomphe populaire de l'impressionnisme. Une politique active d'achats peut enfin être mise en œuvre, pour tenter de combler les lacunes des collections (Seurat), lorsque c'était encore possible. Là encore, la générosité des amateurs, celle de la Société des Amis du Louvre, apportent le plus efficace soutien à cette action. Aux dons isolés de peintures majeures de Cézanne, de Van Gogh et de Gauguin, de Manet ou de Renoir, s'ajoutent ceux de groupes d'œuvres retenues pour le Louvre par de grands amateurs dans leurs collections (Polignac, Charpentier, Laroche, Gourgaud, Lung, Bernheim, Halphen, Goldschmidt-Rothschild, Meyer, Kahn-Sriber) ou ceux de collections entières (Gachet, 1951–1954; Mollard, 1972; Kaganovitch, 1973), reflétant chacune le goût d'une personnalité et à travers elle d'une génération. Autre moyen d'enrichissement, la «dation» en paiement des droits de succession fait entrer dans le patrimoine national des tableaux de première importance, telle *La danse à la ville* de Renoir (1978) ou *La rue Montorgueil* de Monet (1982).

Cadre idéal au moment de son ouverture, le Jeu de Paume ne peut suffire aujourd'hui pour présenter dignement l'ensemble de ses collections ainsi accrues au fil des ans — qui se plaindrait d'un tel enrichissement? — , ni pour accueillir un public de plus en plus empressé. Déjà les œuvres de Seurat et de Toulouse-Lautrec ont rejoint les tableaux néo-impressionnistes et Nabis dans les salles du Palais de Tokyo dévolues au post-impressionnisme. Dans quelques années, Impressionnistes du Jeu de Paume et Post-impressionnistes du Palais de Tokyo se retrouveront regroupés dans un nouveau musée actuellement en chantier, le Musée d'Orsay, non plus isolés mais confrontés aux autres créateurs de leur époque. A coup sûr, cette vision globale de la fin du XIXᵉ siècle développée par le Musée d'Orsay sera plus riche, plus juste. Gageons pourtant qu'aucun de ceux qui auront connu au Jeu de Paume un moment de bonheur, dans la lumière de l'impressionnisme, ne pourra jamais l'oublier.

MICHEL LACLOTTE

# INTRODUCTION

A l'origine une orangerie, le Jeu de Paume tient son nom (littéralement salle de jeu de courte paume) du lieu aménagé en 1862 par Napoléon III pour son fils, l'infortuné Prince Impérial. Ce n'est qu'en 1947 que cette construction devient le musée de l'impressionnisme ; grâce à l'attrait de sa collection, le musée acquiert très vite une réputation mondiale et le Jeu de Paume devient synonyme d'impressionnisme — peut-être le mouvement artistique le plus populaire et le plus accessible qui ait jamais existé. Mieux encore, le Jeu de Paume est un de ces rares musées parmi les grands de ce monde qui offre au visiteur l'expérience intense et unique d'un mouvement artistique particulier. A ce titre, il ressemble au Musée de l'Acropole à Athènes où, comme nulle part ailleurs, l'on ressent si pleinement la force de la sculpture grecque antique. Mais à l'encontre de beaucoup d'autres musées renommés, par exemple le Louvre, son voisin, les collections du Jeu de Paume ne sont pas illimitées et il est tout à fait possible, lors d'une seule visite, d'apprécier l'étendue de ses richesses.

L'impressionnisme va marquer une crise dans l'évolution de l'art au XIXᵉ siècle — une crise qui voit l'abandon de nombreuses idées qui jusqu'alors semblaient être fermes et immuables, et l'éclosion d'un état d'esprit qui est resté très moderne et très proche de nous. En même temps, le mouvement impressionniste n'est pas un phénomène soudain, inattendu et totalement isolé de tout processus historique. Ce n'est pas exagéré de prétendre que dès le début du XVIIIᵉ siècle l'art français préparait, d'une façon ou d'une autre, son avènement. Bien que les précurseurs immédiats de l'impressionnisme aient été les Réalistes et les Naturalistes du milieu du XIXᵉ siècle, ses ancêtres les plus lointains comprennent non seulement Delacroix mais aussi Watteau, Boucher, Fragonard et (de l'autre côté des Pyrénées) les grands maîtres espagnols, Vélasquez et Goya en particulier. D'affirmer que l'impressionnisme n'est autre chose que l'art de la sensation immédiate est au mieux une demi-vérité, au pire une faute extrêmement grave.

Pourtant il est certain que les Impressionnistes se préoccupent de cette sensation immédiate, de la communication de la vérité non censurée de la perception visuelle présentée sans idée préconçue ni commentaire. Quand les maîtres qui, plus tard, allaient faire partie du groupe, essaient de s'imposer, dans les années 1860, durant la dernière décennie du Second Empire, le réalisme s'était déjà établi comme une façon de voir qui s'opposait au style académique conventionnel en faveur auprès des jurés conservateurs et dogmatiques des Salons. Ce mouvement en faveur d'une vision moins traditionnelle du monde frappe des artistes qui sont eux-mêmes d'un tempérament profondément conservateur. On trouve des exemples intéressants dans les premières œuvres de Degas, comme dans son tableau *La famille Bellelli*, qui date de 1858–60. On est confronté ici avec une nouvelle attitude vis-à-vis de la composition qui s'inspire de toute évidence de la photographie, une des multiples inventions scientifiques de cette période. La somme de ces inventions allait profondément révolutionner la perception du monde et les Impressionnistes sont les premiers artistes à être si sensibles à ces changements.

L'annonce par Daguerre en 1839 du perfectionnement de son invention déclenche un immense enthousiasme, car la bourgeoisie du XIXᵉ siècle avait envisagé, avec une certaine impatience, la vulgarisation de procédés de fabrication d'images. Ce qui fascine les premiers amateurs de photographie, c'est non seulement que la nature peut elle-même faire son propre portrait (l'objectif de l'appareil étant considéré comme un moyen entièrement non-subjectif d'enregistrer la réalité) mais c'est aussi que les plaques photographiques captent cette même réalité avec une fidélité et avec un souci du détail jusqu'alors irréalisable. La seule chose qui manque à ces premières photographies, et l'omission est de taille, c'est la couleur.

L'origine de la couleur et la perception de la couleur par l'œil humain, attirent bien sûr l'attention de la Science, et au XIXᵉ siècle les maîtres de l'impressionnisme sont les premiers artistes à profiter de ces découvertes. La conclusion des théoriciens est que la gamme complète des couleurs dérive en fait de quelques tons purs dont le mélange optique s'opère sur la rétine. Animés par le désir de vérifier cette théorie, les Impressionnistes peignent par petites touches de couleur pure qui ne se mélangent, pour obtenir le ton requis, que lorsque la toile est regardée à une certaine distance. Afin de reproduire fidèlement ce que l'œil voit, les Impressionnistes pensent que leurs tableaux doivent, dans la mesure du possible, être exécutés en plein air, en présence même du sujet.

Jusqu'ici on pourrait croire que l'impressionnisme est purement et simplement une école de paysagistes. Il est vrai, comme le visiteur du Jeu de Paume le constatera par lui-même, que les paysages prédominent. Certains membres du groupe, Alfred Sisley, en particulier, n'ont guère produit autre chose. Il peut paraître inhabituel de commencer un panorama de l'impressionnisme avec Sisley plutôt qu'avec des maîtres plus importants et plus représentatifs tels que Manet et Monet, mais c'est tout à fait volontaire. Le tableau de Sisley, *L'inondation à Port-Marly*, exécuté en 1876, l'une de ses plus belles œuvres, souligne le lien intime entre l'impressionnisme et les peintres du plein air comme Corot. La façon de traiter la maison située à gauche est très à la manière de Corot, même si l'étendue d'eau est exécutée d'une façon moins détaillée et plus scintillante. Une peinture de Sisley, réalisée deux ans plus tôt, en 1874, intitulée *Le brouillard, Voisins,* indique à cause précisément de la nature du sujet, vers quels extrêmes les Impressionnistes pouvaient aller dans leur conception du paysage. Au premier abord, l'œuvre, une succession capricieuse de taches diversement colorées, semble dépourvue de toute forme. Ce tableau n'est pas la représentation d'un lieu précis mais la tentative de capter un effet particulier de la lumière. La localisation géographique est sans importance. Est également hors de propos toute tentative de prêter à cette œuvre qui vise la présentation d'une sensation physique, un contenu intellectuel.

Vers la fin de sa vie, Claude Monet allait pousser cette philosophie à l'extrême. Son idée novatrice est de peindre le même motif maintes et maintes fois : sa longue série consacrée à la façade ouest de la cathédrale de Rouen, les meules de foin et les nénuphars (nymphéas) qui s'épanouissaient dans les pièces d'eau du jardin que créa Monet à Giverny. Par bonheur, le Jeu de Paume a récemment acquis un exemple magnifique de ces *Nymphéas* datant de la dernière période du peintre (*Nymphéas bleus*).

Il se peut que Monet ait choisi la cathédrale de Rouen à des fins polémiques car cet édifice gothique imposant signifie tant de choses pour tous les Français voire même pour les Européens qui viennent la visiter. Mais ces significations, le peintre choisit volontairement de les ignorer. Son seul souci est d'enregistrer les variations de la lumière et de l'atmosphère qui se jouent sur la façade si complexe, une lumière dont la seule fonction est de moduler l'atmosphère et d'éclairer le sujet. L'obsession des Impressionnistes pour l'analyse des composantes de la lumière et le phénomène de la vision devient la raison d'être du mouvement. Tout le reste est sans importance. Les contemporains de Monet quand celui-ci commença à peindre au Havre, vers la fin des années 1850, sous la tutelle de Boudin, auraient été extrêmement étonnés, même scandalisés, par cette nouvelle conception de l'art.

Les études de Monet de la cathédrale de Rouen sont d'un intérêt tout spécial car elles illustrent clairement la façon dont les Impressionnistes changent les rapports entre la morale et la peinture. Jusqu'à la fin du XIXe siècle, il est universellement reconnu que l'art était censé exprimer le point de vue moral de l'artiste. Cette notion anime l'œuvre de Gustave Courbet, le grand réaliste du milieu du XIXe siècle, précurseur de l'impressionnisme, qui provoqua de nombreuses controverses en France, tant parmi les critiques que parmi le public. Désormais le contenu moral du tableau n'a plus d'importance mais en même temps le fait de peindre relève subitement d'une suite de choix moraux. L'artiste se doit d'être profondément honnête envers sa propre conception de l'art. C'est cette conviction qui relie deux artistes aussi différents l'un de l'autre que Monet et Cézanne.

Les rapports entre l'artiste et la morale sont très significatifs dans le cas de Manet qui autrement prendrait malaisément sa place dans le groupe impressionniste. Le Jeu de Paume a l'immense chance de posséder, parmi une collection extraordinaire des œuvres de cet artiste, deux toiles qui suscitèrent les plus grands scandales de l'époque : *Le déjeuner sur l'herbe* et *Olympia*, toutes deux exécutées en 1863. *Le déjeuner sur l'herbe* fut décrit par un critique outragé comme suit : «Une femme vulgaire, aussi nue que possible, se prélasse indécemment entre deux dandys tirés à quatre épingles.» Il continu en qualifiant cette œuvre «de farce d'adolescent, de blessure béante qu'on ne devrait pas exhiber d'une façon aussi honteuse.» L'ironie est que Manet s'était inspiré des sources classiques les plus respectables : d'une gravure de la Renaissance de Marcantonio Raimondi, d'après Raphaël, avec des réminiscences du *Concert champêtre* du Titien, maintenant comme à l'époque l'une des gloires du Louvre. *Olympia*, une femme nue couchée, s'inspire à la fois de la *Maja desnuda* de Goya et de la *Vénus d'Urbin* du Titien, et provoqua un scandale aussi grand parmi les critiques conservateurs de l'époque qui manifesteront en des termes sociaux et moraux leur désapprobation de la technique radicale de Manet — réduction des gradations de tons, accentuation de la ligne et des a-plats. A cette époque, Manet n'expérimentait pas encore les mélanges optiques bien qu'il exécutât de magnifiques scènes de plein air dans le courant de sa carrière. *Sur la plage*, qui date de 1873, est l'un des plus beaux exemples.

Ce tableau illustre autre chose : l'aptitude des Impressionnistes à nous rendre le contexte social de cette époque. C'est cela, plus que la fraîcheur de leur couleur scintillante, qui les a fait chérir du public. On trouvera dans ces pages plusieurs tableaux extrêmement renommés qui témoignent de ce don : *La serveuse de bocks* de Manet, l'incomparable *Moulin de la Galette* de Renoir et surtout la série complète des tableaux et des pastels de Degas, lui qui, parmi tous les participants aux expositions impressionnistes, s'est peut-être penché le plus résolument sur la peinture de la vie quotidienne. Et pourtant, de tous les principaux peintres impressionnistes, il reste, je pense, celui que le public comprend le moins bien.

Par exemple, quelle attitude sommes-nous censés adopter face au tableau *Au café* datant de 1876, une de ses peintures les plus connues de la vie urbaine? Son autre titre, *L'absinthe*, donne à penser que ce tableau doté d'une motivation moralisante est peut-être une exception parmi les œuvres impressionnistes. Toute joie de vivre y est absente : deux personnages mélancoliques sont assis l'un à côté de l'autre, leur éloignement psychologique étant accentué par leur proximité physique. Degas semble vouloir parler du vide de la vie quotidienne. Mais ce message, si message il y a, est suggéré d'une façon sophistiquée et très indirecte. Degas est fasciné par le monde du spectacle parisien mais le spectacle pour lui est un travail — les musiciens dans *L'orchestre de l'Opéra* sont des hommes qui font leur travail, oublieux de ce qui se passe sur la scène. Les élèves de *La classe de danse* sont également préoccupés par leur travail, un travail qui ne sera que plus tard et pour d'autres un divertissement.

Les Impressionnistes n'avaient pas d'opinions politiques communes. Degas était conservateur, Camille Pissarro socialiste, mais leur œuvre est étonnamment éloquente quant à leur engagement personnel envers le monde. Les joyeuses farandoles du *Moulin de La Galette* de Renoir contrastent avec la mine harassée des *Repasseuses* de Degas, la fumée et la grisaille de *La gare Saint-Lazare* de Monet et la vision résolument industrielle du *Port de Rouen, Saint-Sever* de Pissarro. Chacune de ces œuvres exprime la conviction que la peinture devrait surgir de la vie courante et continuer à avancer avec elle.

Pissarro est sans doute, de tous les Impressionnistes, le plus difficile à cerner, et certains signes, en particulier son ouverture vers un néo-impressionnisme plus systématique sous l'influence de Seurat (voir par exemple sa *Femme dans un enclos, Eragny*), montrent qu'il a eu quelque difficulté à se définir lui-même. L'œuvre de Pissarro nous fournit des exemples sur ce qu'il y avait de positif et sur ce qu'il y avait de négatif dans la volonté des Impressionnistes d'éviter tout message moral. L'allure noble et réfléchie du *Portrait de l'artiste* de 1873 nous donne plus qu'un aperçu sur une personnalité que tous ses collègues respectaient pour sa générosité et sa douceur. La charmante *Jeune fille à la baguette* nous dévoile l'envie secrète de Pissarro d'atteindre un art que la doctrine impressionniste semblait rendre impossible : les scènes paysannes, profondément touchantes, de Millet. Mais même Pissarro ne saura rendre cette sorte de résonance atteinte par Millet. Bien sûr, ses plus beaux paysages, comme l'*Entrée du village de Voisins*, sont merveilleusement exécutés, mais ils nous laissent cependant le sentiment d'un manque, quelque composante essentielle de lui-même, que l'artiste n'a pas su exprimer — mais peut-être que ce jugement nous est suggéré plus par les détails de la vie de Pissarro que par ses peintures elles-mêmes.

Il est intéressant de rappeler en tout cas que Millet fut aussi l'un des premiers inspirateurs de Vincent van Gogh, l'un des trois grands peintres post-impressionnistes (avec Cézanne et Gauguin) dont l'œuvre se trouve également exposée au Musée du Jeu de Paume. Mais Van Gogh n'est peut-être pas celui que l'on devrait aborder en premier si l'on désire comprendre comment les positions des Impressionnistes devinrent à la longue contraignantes. C'est plutôt vers Cézanne qu'il faudrait se tourner.

Cézanne a eu une période impressionniste dans tout le sens technique que cela implique. Il a même exposé aux expositions impressionnistes de 1874 et 1877, ce qui le fit apparaître comme membre à part entière du groupe. A ce stade, il était principalement influencé par Pissarro dont il avait fait la connaissance dès 1862 lorsqu'il travaillait à l'Académie Suisse. *Une moderne Olympia*, cette œuvre satirique curieuse, montrant l'artiste courtaud et chauve reluquant la déesse nue offerte à son regard, exprime certains des doutes qui l'ont longtemps tourmenté. Cézanne ne découvrit véritablement son propre style et ses propres ressources qu'en 1882 quand il vint vivre à Aix-en-Provence. C'est à cette époque qu'il sembla abandonner les préceptes impressionnistes pour une conception de l'art totalement opposée. Ce clivage devint apparent dès 1873 avec *La maison du pendu*. Il est bien sûr parfaitement visible dans ses œuvres postérieures telles que *Le vase bleu* et *Nature morte aux oignons*.

Ces tableaux sont tous deux des exemples classiques qui montrent la préoccupation de Cézanne à traiter des sujets banals, qu'il utilise comme matériau brut pour rendre une structure picturale aux lignes rigoureuses et inaltérables, qui n'a rien à voir avec l'impression donnée par un moment fugitif ou par un effet particulier de la lumière. En 1904, dans une lettre à Emile Bernard, Cézanne écrivait :

«Le littérateur s'exprime avec des abstractions tandis que le peintre concrète, au moyen du dessin et de la couleur, ses sensations, ses perceptions. On n'est ni trop scrupuleux, ni trop sincère, ni trop soumis à la nature ; mais on est plus ou moins maître de son modèle, et surtout de ses moyens d'expression. Pénétrer ce qu'on a devant soi, et persévérer à s'exprimer le plus logiquement possible.»

Poursuivre cette doctrine jusqu'à sa conclusion logique aboutit aux magnifiques toiles des *Baigneurs*, peintes entre 1890 et 1900 et tout particulièrement à la plus rigoureuse des deux versions, celle qui se trouve dans les collections du Jeu de Paume. On y remarque à quel point le sujet apparent n'est choisi que comme simple prétexte pour former un tableau que Cézanne voit en termes de surface organisée uniquement autour de couleurs et de traits qui se suffisent à eux-mêmes, sans référence à quoi que ce soit provenant de l'extérieur.

Si Cézanne dépersonnalise l'art, le contraire est vrai aussi bien de l'œuvre de Gauguin que celle de Van Gogh. Il y a peu d'artistes pour qui notre connaissance de leur biographie personnelle joue autant d'importance pour apprécier leur art. Van Gogh n'a pas eu de rapport direct avec l'impressionnisme avant 1886, époque où il vint à Paris pour y rejoindre son frère Théo, et ses toiles alors sensibles à cette influence ne révèlent pas encore ses capacités profondes. En effet, alors que l'impressionnisme repose sur l'évaluation objective des apparences, et en particulier sur les effets de la lumière, Van Gogh poursuivit une voie à vrai dire opposée. Sa méthode consiste à projeter sur ce qu'il voyait, ses propres émotions. La toile célèbre qui montre *La chambre de Van Gogh à Arles* n'est pas la simple représentation d'une chambre ordinaire, mais le reflet d'une sensation intense, symbolisée à la fois par les objets contenus dans la chambre et par la façon dont ces objets, et surtout l'espace qu'ils occupent, sont dépeints. C'est également vrai d'une œuvre plus tardive, *L'église d'Auvers-sur-Oise*, peinte en 1890, l'année où Van Gogh s'est suicidé, et qui dégage cette intensité proche de la folie, caractéristique de l'état d'esprit de l'artiste. Il suffit d'imaginer ce que Sisley ou Pissarro auraient donné du même sujet pour voir à quel point les intentions de Van Gogh sont différentes. La subjectivité intense de ses portraits, et surtout de ses autoportraits, est le signe que Van Gogh est moins concerné par les apparences physiques que par la recherche de l'âme qui habite son sujet.

Gauguin, à l'encontre de Van Gogh, a cherché à fonder une école. Il y eut toujours en lui de l'initiateur et du maître et il n'adopta l'impressionnisme (comme Cézanne, il y fût amené par Pissarro) que pour le rejeter ensuite. La réelle autonomie de Gauguin par rapport à l'impressionnisme commença avec sa première visite à Pont-Aven en Bretagne en 1886, bien que la rupture définitive n'intervînt que l'année suivante, conséquence de sa relation avec le jeune Emile Bernard qui consacrait son temps à prôner la primauté d'une synthèse — combinaison de tous les éléments d'une expérience, aussi bien l'objectif que le subjectif — sur la seule décomposition des apparences, fondement même de l'impressionnisme.

L'étape finale de son rejet de tous les préceptes impressionnistes est annoncée par son départ pour Tahiti en 1891, à la recherche d'un univers totalement nouveau. Les tableaux qu'il a peints pendant ses deux séjours dans les mers du Sud — il revint en France en 1893, mais repartit à nouveau dès 1895 — sont ceux qui le rendirent célèbre à jamais. Bien que nous sachions que Gauguin était capable de déformer quelque peu la réalité, le fait même de peindre les œuvres tahitiennes au mépris d'une certaine véracité correspondait à une nécessité primordiale qui le poussait à agir ainsi. Ce voyage dans les mers du Sud en fait ne fut aussi décisif qu'on le croit. En effet, il est intéressant de comparer les images de «luxe, calme et volupté» de Gauguin avec certaines des dernières toiles de Renoir, surtout avec les deux merveilleux nus des *Baigneuses* que Renoir a peints en 1918–19 à la fin de sa longue carrière. Pas plus que les beautés des mers du Sud, ces baigneuses peintes par Renoir ne correspondent guère à ce que l'artiste observait dans la réalité. La prétention d'analyser méticuleusement les apparences (idée qui n'est jamais très forte chez Renoir) a été depuis longtemps abandonnée. Ce que nous trouvons à la place, c'est un hymne voluptueux qui chante les louanges d'une vie riche et sensuelle.

J'ai suggéré au début de cet essai que l'impressionnisme avait en partie puisé ses racines dans le XVIIIe siècle. L'orientation néo-rococo de Renoir est très apparente et se trouve en corrélation avec certains aspects du goût français de la fin du XIXe; les *Baigneuses* ne peuvent que renforcer cette comparaison (voir les nus de Boucher par exemple). Mais cela nous amène à une vue plus complexe. L'attrait constant pour la peinture impressionniste ne réside pas seulement dans l'éclat de sa palette spécifique. Cela concerne aussi une attitude totalement rationnelle, une volonté d'accepter le monde tel qu'il est et d'exprimer les délices épidermiques que ce monde suscite. Cet homme moyen sensuel qui est en chacun de nous se tournera avec reconnaissance vers une école qui a démontré que l'une des fonctions de l'art est de nous faire comprendre plus intensément et plus parfaitement ce que chacun est capable de percevoir. Aucune école n'a jamais mieux rempli cette fonction que les Impressionnistes.

EDWARD LUCIE-SMITH

# PLANCHES ET COMMENTAIRES

*Les noms des auteurs ont été abrégés comme suit :*

AD   Anne Distel

CF-T  Claire Frèches-Thory

SG-P  Sylvie Gache-Patin

GL   Geneviève Lacambre

# Frédéric BAZILLE (1841–1870)

## L'atelier de Bazille 1869–70

Huile sur toile, 98 × 128,5

Legs Marc Bazille, frère de l'artiste, 1924 (R.F. 2449)

D'une famille de notables de Montpellier et ami de Bruyas, le mécène de Courbet, Bazille vint à Paris en 1862. Il entra à l'automne dans l'atelier de Gleyre où il se lia avec Monet, Renoir et Sisley. Au printemps de 1863, ces jeunes artistes, enthousiasmés par les œuvres de Manet à l'exposition de la galerie Martinet, puis au Salon des Refusés (voir p. 74), firent de lui leur chef. C'est le même groupe amical que Bazille représente ici dans son atelier du 9 rue de La Condamine, dans le quartier des Batignolles. Il l'occupa du 1er janvier 1868 au 15 mai 1870. Au retour des vacances d'été de 1869, une fois les rideaux noirs mis en place — qui lui permettent de travailler sans s'interrompre — il commença plusieurs tableaux, l'intérieur de son atelier, une femme nue pour le Salon, qui devaient l'occuper tout l'hiver. La femme nue, en fait *La toilette* (musée de Montpellier), représentée ici inachevée, au-dessus du divan, fut refusée au Salon de 1870. On reconnaît encore à gauche le *Pêcheur à l'épervier* refusé en 1869, derrière le chevalet la *Tireuse de cartes* et au-dessus du piano la *Terrasse de Méric*, 1867 (musée de Montpellier). Au-dessus du pianiste (son ami Edmond Maître), une nature morte de Monet nous rappelle que Bazille l'aidait par des achats, notamment celui des *Femmes au jardin* (voir p. 88). Sur le chevalet, on devine la *Vue de village* de 1868 (musée de Montpellier) que regarde Manet, un chapeau sur la tête. Comme l'écrit Bazille à son père le 1er janvier 1870, «Manet m'a fait moi-même», haute silhouette élancée au centre du tableau. L'identification des trois personnages à gauche est moins sûre. Elle tient à deux témoignages contradictoires de Monet, sans doute après la rétrospective Bazille au Salon d'Automne de 1910 où le tableau réapparut. Faut-il reconnaître près de Manet, Monet ou Zacharie Astruc, et dans le groupe à gauche Renoir et Zola ou Monet et Sisley? Ces artistes et écrivains faisaient partie du cercle des admirateurs de Manet que Fantin-Latour représente au même moment dans *L'atelier des Batignolles* (Jeu de Paume). A la différence de Fantin, fidèle aux modèles hollandais, Bazille peint ici un tableau moderne, évoquant l'ambiance quasi-bourgeoise du lieu où il aimait recevoir ses amis. Sa mort au combat de Beaune-la-Rolande quelques mois plus tard devait faire de cette œuvre, qu'il s'était amusé à peindre, un émouvant testament.                                                    GL

# Eugène BOUDIN (1824–1898)

## *La plage de Trouville* 1864

Huile sur bois, 26 × 48

Don Eduardo Mollard, 1961 (R.F. 1961–26)

Boudin avait modestement commencé dans le domaine artistique, comme papetier et encadreur au Havre, exposant les peintres de passage, tels Troyon ou Millet, dans sa boutique. Il reçut d'eux des encouragements à peindre, et une bourse du Conseil municipal lui permit de venir en 1851 étudier à Paris. Mais il resta surtout fidèle à la côte normande où il rencontra en 1858 Claude Monet dont il fut le premier maître. Il fit aussi connaissance de Courbet et Baudelaire, ébloui par ses études de ciel et qui le défendit lorsqu'il exposa pour la première fois au Salon en 1859 un tableau ambitieux et relativement grand, *Le Pardon de Sainte-Anne-la-Palud* (musée du Havre), peuplé d'une foule pittoresque se reposant autour des tentes blanches et des boutiques en plein vent dans un grand paysage bleu.

C'est une composition analogue que l'on retrouve dans la petite peinture, particulièrement bien venue, de *La plage de Trouville* en 1864 : à droite, les hauts toits d'ardoise d'une villa et la colline voisine de la plage, au centre les estivants, debout ou assis sur des chaises, les cabines d'un blanc éclatant et deux grands mâts, le tout n'occupant que le bas d'une composition où le ciel a la plus grande place.

Cette année-là il avait rencontré Courbet et Manet à Trouville, plage à la mode dont il s'était mis à représenter l'animation mondaine grâce aux conseils d'Eugène Isabey dès 1862. En 1863, il avait même peint le jeu éblouissant des crinolines de *L'impératrice Eugénie et sa suite à Trouville* (Glasgow Museums and Art Galleries, collection Burrell) et en 1864 il envoya au Salon précisément une *Plage de Trouville*.

S'il participa par amitié à la première exposition des Impressionnistes en 1874, il resta par la suite fidèle au Salon, qui d'ailleurs ne le boudait pas.                                     GL

# Gustave CAILLEBOTTE (1848–1894)

## *Voiliers à Argenteuil* vers 1888

Huile sur toile, 65 × 55

Acquis en 1954 (R.F. 1954–31)

D'une famille de la haute bourgeoisie, Caillebotte hérita en 1873 à la mort de son père d'une très grosse fortune qui lui permit de suivre, sans soucis financiers, sa vocation artistique. Elève de Bonnat, il fut reçu en 1873 à l'Ecole des Beaux-Arts qu'il abandonna bientôt après un refus au Salon de 1875. C'est sans doute par l'intermédiaire de Degas, ami de Bonnat, qu'il entra en relation avec le groupe impressionniste nouvellement constitué. Il participa dès 1876 à ses expositions, y jouant bientôt un rôle d'organisateur, s'abstenant à deux reprises en 1881 et 1886 lors de dissensions dans le groupe. C'est qu'après des débuts caractérisés par d'audacieuses peintures naturalistes prenant pour thème la vie urbaine, il adopta définitivement la technique impressionniste de la brillante période d'Argenteuil. C'est ainsi qu'il apparaît presque démodé, en tout cas retardataire, lorsqu'il expose en 1888 chez Durand-Ruel ou, à Bruxelles, au groupe des XX, des vues de bateaux sur la Seine, dont certaines, comme celle-ci, sont particulièrement équilibrées, lumineuses, réussies. Il avait depuis 1882 une maison au bord de l'eau, avec un grand jardin fleuri, au Petit-Gennevilliers, en face d'Argenteuil où il s'installa définitivement en 1887. C'est la rive et le ponton proches de sa demeure que l'on voit ici, tandis qu'à l'horizon, derrière les arches du vieux pont de bois d'Argenteuil on devine les piles du pont de chemin de fer et les hauteurs de Sanois et d'Orgemont.

Caillebotte est également célèbre pour son rôle de mécène auprès de ses amis impressionnistes, en faveur de qui il rédigea un premier testament dès 1876. Grâce à lui, ils entrèrent en force au Musée du Luxembourg en 1896, malgré le choix fait dans son legs et le scandale qui suivit, en 1897, l'ouverture de la salle Caillebotte. On le comptait aussi en 1890 parmi les souscripteurs de l'*Olympia*, premier tableau de Manet à entrer dans les collections nationales (voir p. 76). GL

# Mary CASSATT (1844–1926)

## *Femme cousant* vers 1880–82

Huile sur toile, 92 × 63

Legs Antonin Personnaz, 1937 (R.F. 1937–20)


Comme Eva Gonzalès et Berthe Morisot, toutes deux émules de Manet, Mary Cassatt, fille d'un riche banquier de Pittsburgh, est une des rares et précieuses figures féminines de l'impressionnisme. Pour satisfaire à une précoce vocation de peintre, elle eut à braver scepticisme et railleries familiales en un temps où il n'était pas encore de bon ton d'être femme et artiste. Déçue par l'enseignement des beaux-arts aux Etats-Unis, elle renoua vite avec la France où elle avait déjà passé une partie de sa petite enfance. Après un court passage dans l'atelier du peintre officiel Chaplin, bon technicien du portrait mondain, elle se tourne résolument vers l'étude des Maîtres qu'elle copie avec passion au cours de ses voyages en Italie, Espagne, Belgique et Hollande. Elle tente aussi sa chance au Salon parisien où Degas remarque notamment un de ses portraits en 1874 : «Voilà quelqu'un qui sent comme moi», confiera-t-il à un de leurs amis communs, Joseph Tourny. Degas, pour lequel Cassatt nourrissait la plus grande admiration, attendit pourtant trois ans avant de lui rendre visite dans son atelier et de l'inviter à participer à la quatrième exposition du groupe impressionniste en 1879 (*La loge, La tasse de thé*). Cassatt figura également aux cinquième (1880), sixième (1881), puis dernière (1886) expositions impressionnistes où elle présenta notamment la *Femme cousant* qui passa ensuite dans la fameuse collection léguée au Louvre par Antonin Personnaz. Si plusieurs œuvres de Cassatt sont proches de Manet (*Jeune femme en noir*, 1883) ou de Renoir (*A l'Opéra*, 1880), l'artiste ne se départira jamais d'une grande admiration pour les Japonais, surtout sensible dans son important œuvre de graveur fièrement présenté en 1891 lors de sa première exposition particulière chez Durand-Ruel.

Presqu'exclusivement consacré à la femme et à l'enfant, l'œuvre de Cassatt atteint une grande puissance dans le registre de l'intimité. *La femme cousant* témoigne aussi d'un grand talent de coloriste.

En exhortant Durand-Ruel à exposer ses amis impressionnistes aux Etats-Unis et en se faisant la conseillère éclairée de l'épouse du grand collectionneur américain H.O. Havemeyer, Cassatt joua un rôle important dans la diffusion de l'impressionnisme outre-Atlantique où il devait connaître un original développement. C F - T

# Paul CÉZANNE (1839–1906)

## *Une moderne Olympia* vers 1873–74

Huile sur toile, 46 × 55
Don Paul Gachet, 1951 (R.F. 1951–31)

Les premières œuvres de Cézanne, exécutées dans des couleurs sombres, étaient fortement inspirées par celles des maîtres anciens et par les compositions de Delacroix, Daumier et Courbet. Caractéristique de cette période, une peinture de 1870 montrait déjà *Une moderne Olympia* (ancienne collection Pellerin) en réponse à la grande toile de Manet qui avait provoqué un scandale au Salon de 1865 (voir p. 76).

Quelques années plus tard, Cézanne abordait à nouveau ce thème, mais cette seconde version est toute différente par ses couleurs, lumineuses et éclatantes, et par son exécution brillante qui rappellent les peintures de Fragonard. La manière de Cézanne était alors en pleine évolution vers l'impressionnisme. Ce serait lors de son séjour à Auvers-sur-Oise chez le docteur Gachet, à qui a appartenu la composition, que dans l'animation d'une discussion le peintre se serait emparé de son pinceau pour créer cette esquisse colorée. Il livrait ainsi une interprétation beaucoup plus audacieuse du sujet traité antérieurement par Manet. Le contraste entre la nudité de la femme dévoilée par la négresse et la mise élégante de l'homme vêtu de noir, assis sur un canapé et vu de dos, qui, comme le curieux petit chien du premier plan, la regarde en spectateur, contribue à donner à la scène un caractère érotique et théâtral, effet accentué par la présence du rideau suspendu à gauche. Le personnage barbu ressemble étrangement à Cézanne.

Lors de la première exposition impressionniste de 1874, cette évocation quelque peu hallucinante reçut les railleries du public et des critiques : ils y virent une «fantastique figure qui se présente dans un ciel opiacé à un fumeur d'opium. Cette apparition d'un peu de chair rose et nue que pousse devant lui, dans le nuageux empyrée, une espèce de démon, où s'incube, comme une vision voluptueuse, ce coin de paradis artificiel, a suffoqué les plus braves ... et M. Cézanne n'apparaît plus que comme une espèce de fou, agité en peignant du *delirium tremens* ...» (Marc de Montifaud, *L'Artiste*, 1er mai 1874.)

SG-P

# Paul CÉZANNE (1839–1906)

## *La maison du pendu, Auvers-sur-Oise* 1873

Huile sur toile, 55 × 66

Legs du comte Isaac de Camondo, 1911 (R.F. 1970)

Comme *Une moderne Olympia* (voir p. 24), *La maison du pendu* figurait parmi les trois œuvres de Cézanne prêtées à la première exposition impressionniste de 1874 où elle fut aussi mal accueillie : «... pour la question du paysage, M. Cézanne trouvera bon que nous n'allions pas jusqu'à sa *Maison du pendu* ... nous avouons rester en route» (Marc de Montifaud, *L'Artiste*, 1er mai 1874.)

Cette toile, peinte à Auvers-sur-Oise, révèle chez Cézanne l'influence de son aîné Pissarro qui résidait alors à Pontoise. Si Cézanne utilisait toujours une pâte épaisse et continuait à employer par endroits le couteau à palette, il abandonnait progressivement les tonalités sombres au profit des couleurs claires tout en adoptant la technique impressionniste de la fragmentation de la touche. Il demeurait fidèle à sa volonté de construire rigoureusement l'espace, un souci qu'il communiquait en retour à Pissarro. Il est intéressant de rapprocher cette vue de village d'œuvres contemporaines de Pissarro (voir p. 114) pour étudier l'apport réciproque des deux peintres à cette époque où ils travaillèrent ensemble.

En même temps que d'une nouvelle manière de peindre, ce paysage témoigne d'un changement dans les sujets désormais choisis par Cézanne : il délaissait les thèmes dramatiques et littéraires pour représenter des sites totalement insignifiants comme cette croisée de chemins. Le sujet n'est plus qu'un prétexte, il est devenu un simple «motif» auquel l'art cézannien donne toute son ampleur.

Cette peinture est l'une des rares que l'artiste ait signées (en rouge dans l'angle inférieur gauche). Quant à son titre, il ne serait pas dû, selon l'historien Venturi, à l'événement sinistre qu'il laisse supposer : serait-ce une dernière trace du romantisme de la période précédente ?

Cette œuvre impressionniste, mais qui était le fruit d'un impressionnisme revu et transformé par Cézanne en création personnelle, représentait l'artiste à la Centennale de l'Art Français lors de l'Exposition Universelle de 1889.                                        SG-P

# Paul CÉZANNE (1839–1906)

## *L'Estaque ; vue du golfe de Marseille* vers 1878–79

Huile sur toile, 59 × 73

Legs Gustave Caillebotte, 1894 (R.F. 2761)

La mère de Cézanne possédait une maison à l'Estaque, à l'ouest de Marseille, où l'artiste se réfugia pendant la guerre de 1870; il y revint ensuite à plusieurs reprises, sans doute attiré par la Méditerranée puisque les quelques marines de sa production ont été exécutées à cet endroit.

En 1876, Cézanne décrivait ainsi à Pissarro le paysage panoramique qui s'offrait à ses yeux : «... votre lettre m'est venue surprendre à l'Estaque, au bord de la mer ... J'ai commencé deux petits motifs où il y a la mer ... C'est comme une carte à jouer. Des toits rouges sur la mer bleue ... il y a des motifs qui demanderaient trois ou quatre mois de travail ... car la végétation n'y change pas. Ce sont des oliviers et des pins qui gardent toujours leurs feuilles. Le soleil y est si effrayant qu'il me semble que les objets s'enlèvent en silhouette non pas seulement en blanc ou noir, mais en bleu, en rouge, en brun, en violet ... il me semble que c'est l'antipode du modelé».

Cette vue plongeante sur la baie de Marseille, qui pourrait dater de 1878–79, est également caractérisée par un effet de «carte à jouer» (auparavant obtenu par Manet avec son *Fifre*, voir p. 78). La composition est partagée avec netteté en quatre zones qui s'opposent par leur traitement et leur couleur : au premier plan la rive, peinte avec une pâte épaisse, et qui est la partie la plus chargée, puis la surface lisse et bleue de l'eau interrompue çà et là par la tache blanche d'une voile, enfin la chaîne montagneuse surplombée par une mince bande de ciel. L'horizon est placé très haut; cette synthétisation des plans qui semblent se relever vers le spectateur au fur et à mesure qu'ils s'éloignent traduit une abolition de la perspective traditionnelle, initiative qui dépassait les visées de l'impressionnisme.

Une autre version assez différente de *La mer à l'Estaque*, où se retrouve la grande cheminée d'usine, est entrée au Musée du Louvre grâce à la donation de la collection de Picasso. SG-P

# Paul CÉZANNE (1839–1906)

## *Le vase bleu* vers 1885–87

Huile sur toile, 61 × 50

Legs du comte Isaac de Camondo, 1911 (R.F. 1973)

Plutôt qu'à la représentation de fleurs épanouies, Cézanne s'est ici davantage intéressé à la modulation de la couleur. Une fois encore, le sujet a été utilisé pour servir l'une des préoccupations majeures de l'artiste : l'étude de l'incidence de la lumière sur les objets et des variations colorées qui en résultent. L'espace est construit par un habile jeu de lignes verticales et horizontales et par une juste répartition des volumes, tandis que l'harmonie d'ensemble est obtenue grâce à un emploi subtil de différents bleus. La composition est centrée précisément sur le vase posé sur la table.

Une dizaine d'années auparavant, à Auvers-sur-Oise, Cézanne avait déjà peint plusieurs bouquets de fleurs dont le Jeu de Paume possède quelques exemplaires (notamment grâce à la donation consentie par le fils du docteur Gachet), mais il a ici ajouté un élément nouveau : des pommes, qui se détachent par leur couleur et qui évoquent les natures mortes aux fruits beaucoup plus nombreuses dans son œuvre que les tableaux floraux. L'artiste aurait déclaré à Gasquet : «Les fleurs, j'y ai renoncé. Elles se fanent tout de suite. Les fruits sont plus fidèles.» Ici, la toile se trouve enrichie de cette association de deux thèmes qui lui a valu autrefois le titre de *Fleurs et fruits*.

L'apparente simplicité et la sobriété de cette peinture sont bien éloignées de l'exubérance et de la richesse des compositions florales de Renoir. Il est intéressant de souligner que l'œuvre eut pour premier propriétaire Vollard, le célèbre marchand de Cézanne comme de Renoir, mais aussi de Gauguin et de Picasso.

Lors de la rétrospective Cézanne organisée deux ans avant sa mort au Salon d'Automne de 1904, *Le vase bleu* était accroché dans la salle consacrée à l'artiste. SG-P

# Paul CÉZANNE (1839–1906)

## *La femme à la cafetière* vers 1890–95

Huile sur toile, 130 × 96

Don de M. et Mme Jean-Victor Pellerin, 1956 (R.F. 1956–13)

«L'aboutissement de l'art, c'est la figure», aurait déclaré Cézanne à Vollard. L'artiste exécuta des portraits particulièrement au début et à la fin de sa carrière. Plusieurs critiques reprochèrent à Cézanne l'absence de regard de ses figures, comparées parfois aux personnages énigmatiques de Piero della Francesca : Cézanne cherchait à rendre non pas les expressions fugitives animant un visage, mais plutôt l'essence de son modèle, son caractère, d'où ces imposantes effigies toutes en stabilité et monumentalité à la manière de Zurbarán. C'est cette impression qui se dégage de *La femme à la cafetière*.

Une grande lenteur d'exécution et une certaine timidité peuvent expliquer que Cézanne ait choisi ses modèles parmi ses proches (souvent sa femme), ses amis ou encore ses familiers (paysans et servantes du Jas de Bouffan, voir p. 34) dont devait faire partie cette femme, à l'attitude hiératique, qui ne peut être identifiée avec certitude.

Un tel portrait prouve combien, chez Cézanne, l'étude plastique des formes, ici très simplifiées, prédominait sur l'analyse psychologique. Le corps de la femme, lourde masse sculpturale, a été étudié comme une nature morte : l'artiste manifestait envers un être humain les mêmes exigences d'immobilité que pour une pomme. A l'exemple de la cafetière et de la tasse, les bras répondent à la recommandation formulée par le peintre de «traiter la nature par le cylindre, la sphère, le cône». Cette géométrisation des volumes, ainsi que la perspective adoptée pour la table au plan relevé (voir aussi pp. 34 et 38), annonce le cubisme.

Cette œuvre rigoureusement construite illustre le célèbre propos prêté à Cézanne : «Le dessin et la couleur ne sont point distincts; au fur et à mesure que l'on peint, on dessine; plus la couleur s'harmonise, plus le dessin se précise. Quand la couleur est à sa richesse, la forme est à sa plénitude. Les contrastes et les rapports de tons, voilà le secret du dessin et du modelé.»                    SG-P

# Paul CÉZANNE (1839–1906)

## *Les joueurs de cartes* vers 1890–95

Huile sur toile, 47 × 57

Legs du comte Isaac de Camondo, 1911 (R.F. 1969)

Cézanne avait certainement vu au musée d'Aix-en-Provence, sa ville natale, *Les joueurs de cartes* de l'atelier des frères Le Nain. Dans les années 1890, l'artiste traita à plusieurs reprises ce thème d'inspiration caravagesque, mais il transposa ce sujet grâce à sa vision personnelle : tout devint pour lui prétexte à une savante étude de lignes et de volumes. La bouteille, sur laquelle joue la lumière, constitue l'axe central de la composition et elle sépare l'espace en deux zones symétriques, ce qui accentue l'opposition des joueurs. Ces derniers seraient de simples paysans que le peintre observait dans la propriété paternelle du Jas de Bouffan, aux environs d'Aix ; l'homme fumant la pipe a pu être identifié comme étant le «père Alexandre», jardinier du lieu.

Outre de nombreuses études préparatoires, Cézanne consacra à ce thème cinq toiles qui diffèrent par le format, le nombre de personnages et l'importance accordée au décor : la plus grande comprend cinq personnages (Merion, Fondation Barnes), une autre peinture (New York, Metropolitan Museum) réunit quatre personnages tandis que trois tableaux très dépouillés montrent seulement deux joueurs. Plusieurs hypothèses ont été émises quant à l'ordre de leur exécution : les trois versions réduites, dont celle-ci, ont apparemment fait l'objet d'une construction longuement réfléchie qui pourrait inciter à conclure qu'elles sont postérieures aux deux autres compositions plus chargées mais moins élaborées. Fidèle à son tempérament, Cézanne aurait progressé vers la simplification, effaçant complètement l'aspect anecdotique de la «scène de genre» et abandonnant la perspective traditionnelle.

Le caractère récurrent de ce thème dans l'art cézannien des dernières années a donné lieu à une interprétation intéressante : l'affrontement des deux joueurs ne symboliserait-il pas la lutte que l'artiste eut à mener contre son père pour faire reconnaître sa peinture figurée ici par la «carte à jouer» (voir aussi p. 28). SG-P

# Paul CÉZANNE (1839–1906)

## *Baigneurs* vers 1890–92

Huile sur toile, 60 × 82

Don de la baronne Eva Gebhard-Gourgaud, 1965 (R.F. 1965-3)

Au milieu clos des *Joueurs de cartes* s'oppose l'espace aérien dans lequel évoluent les *Baigneurs* : les nuages vont même jusqu'à reprendre ici le rythme donné par les arbres et les corps. Ces deux sujets sont considérés comme antithétiques : le premier, traité en couleurs sombres, était associé à l'idée d'un conflit tandis que dans le second, où dominent bleus et verts, l'artiste a cherché à exprimer un accord, une harmonie de l'homme avec la nature, voire une certaine fusion. Cézanne s'est souvenu de son adolescence aixoise et des joyeuses baignades dans l'Arc avec ses amis dont Zola; il aurait également observé des soldats se baignant dans cette rivière.

Le peintre analysait l'intégration de la figure humaine dans le paysage à la suite de maîtres tels que Giorgione, Le Titien, Rubens ou Poussin; par son étude qui aboutit à la création de trois grandes toiles de *Baigneuses*, Cézanne renouvelait le thème des femmes au bain, traditionnel dans la peinture française (Watteau, Boucher, Fragonard, Courbet, Renoir ...). Présent dans son œuvre depuis 1870, ce thème obséda particulièrement l'artiste au cours des dernières années : Cézanne reprenait inlassablement sur de nombreuses toiles et aquarelles les mêmes attitudes suggérées par d'anciens dessins ou des sculptures.

Dans cette version, l'une des plus complètes et des mieux construites, les *Baigneurs* sont disposés selon une composition pyramidale équilibrée, à la manière d'un tympan, très fréquente dans l'art italien; l'arbre central joue le rôle d'axe comme la bouteille entre les *Joueurs de cartes*. L'homme qui tient une draperie semble avoir été inspiré par un dessin de Signorelli et il a pu également être rapproché (par Ch. Sterling) d'une figure de *Laocoon* du Greco. Dans d'autres variantes, les baigneurs sont ordonnés en frise.

Cette œuvre fut exposée au Salon d'Automne de 1904, qui eut une influence importante sur les jeunes peintres de l'époque; plusieurs d'entre eux (Denis, Matisse, Picasso ...) possédèrent une version des *Baigneurs*.                                                                            SG-P

# Paul CÉZANNE (1839–1906)

## *Nature morte aux oignons* vers 1895

Huile sur toile, 66 × 82

Legs Auguste Pellerin, 1929 (R.F. 2817)

Le thème de la nature morte, qui correspondait au caractère de Cézanne et à son mode de travail, a particulièrement retenu l'attention de l'artiste tout au long de sa carrière. A la suite des peintres des écoles hollandaise et espagnole, attentifs à la «vie silencieuse», Cézanne a été sensible à la poésie des accessoires familiers de la vie quotidienne. Mais davantage que les noms de Vermeer, Zurbarán ou Goya, c'est celui de Chardin qui s'impose; Cézanne avait sans doute admiré les toiles du maître entrées en 1869 au Musée du Louvre (donation Lacaze). D'ailleurs, pour donner l'illusion de la profondeur, l'artiste utilisa souvent, et notamment ici, le procédé du couteau placé en biais, procédé antérieurement emprunté par Manet à Chardin.

A côté des fruits, dont la forme sphérique (comme celle des oignons) se prêtait à ses recherches sur le volume, Cézanne représentait quelques objets simples en partie conservés aujourd'hui dans son atelier d'Aix-en-Provence (faïences, verres … ); cette fidélité aux mêmes accessoires révèle que le peintre concentrait son intérêt sur l'agencement de ces objets, sur l'ordonnance de la composition et étudiait les incidences de la lumière sur les formes. «Dessinez; mais c'est le reflet qui est enveloppant, la lumière, par le reflet général, c'est l'enveloppe», écrivait-il en 1905.

Sur cette table à la ceinture chantournée, pour contrebalancer la verticale donnée par la bouteille, Cézanne a introduit, comme souvent dans les natures mortes de la dernière période, une draperie à l'effet décoratif qui fait disparaître la construction rigoureusement établie. Cette étoffe se détache ici, de même que la bouteille, sur un fond totalement vide et neutre qui différencie cette œuvre des autres natures mortes de la fin, davantage surchargées. Cézanne adoptait alors un système perspectif nouveau qui allait ouvrir la voie au cubisme : les objets sont montrés en vue plongeante et à partir de plusieurs points de vue à la fois.                                        SG-P

# Edgar DEGAS (1834–1917)

## *La famille Bellelli* 1858–60

Huile sur toile, 200 × 250

Acquis en 1918 (R.F. 2210)

A la mort de Degas, parmi les très nombreuses œuvres qu'on trouva dans l'atelier de l'artiste figurait le *Portrait de famille*, une œuvre de jeunesse pratiquement inconnue alors, représentant la tante de l'artiste, Laure Bellelli, née de Gas, son mari Gennaro Bellelli et leurs deux filles Giovanna et Giulia. Cette grande toile, précédée de nombreuses esquisses dessinées et peintes, avait été commencée en 1858, à Florence, où G. Bellelli, partisan de Cavour et exilé de Naples, vivait alors et où Degas séjourna longuement au cours de l'un de ses voyages en Italie. En 1858, Degas a vingt-cinq ans et l'on demeure confondu par l'extraordinaire maîtrise de cette œuvre ; non seulement le jeune artiste a complètement assimilé la leçon des maîtres qu'il admire, les anciens, Van Dyck ou le florentin Bronzino, comme les modernes, Ingres, mais encore il insuffle à cette œuvre un esprit nouveau par la représentation sensible d'une réalité contemporaine ; les costumes, les meubles, les miroirs qui renvoient d'autres images, les tentures, les objets comme la corbeille à ouvrage posée sur la table situent d'emblée les personnages dans leur temps et dans le milieu bourgeois auxquels ils appartiennent. En même temps, peu de portraits dans l'histoire du genre dévoilent aussi clairement la psychologie de leurs modèles : Laure Bellelli, un peu hautaine, névrosée et comme étrangère à un mari lui-même effacé et distant, les fillettes, Giovanna debout sous la protection de sa mère, et Giulia, assise à la diable, seule figure paraissant vouloir échapper à la contrainte. Selon un procédé qui revient fréquemment dans son œuvre, Degas introduit une allusion supplémentaire en représentant dans un dessin sensé figurer au mur derrière Laure Bellelli, le portrait de son grand-père, Hilaire-René de Gas, qui venait de mourir (ce qui explique la tenue de deuil des modèles).   AD

# Edgar DEGAS (1834–1917)

## *L'orchestre de l'Opéra* vers 1868–69

Huile sur toile, 56,5 × 46

Acquis de Mlle Marie Dihau, sous réserve d'usufruit, 1924; entré au Louvre en 1935 (R.F. 2417)

Depuis son entrée au Jeu de Paume, ce tableau a été généralement intitulé *Les musiciens à l'orchestre* parce que Degas y a introduit les visages de quelques camarades, un peintre, un étudiant en médecine, le metteur en scène de la danse à l'Opéra, dans des rôles de violonistes qui n'étaient pas les leurs; mais il doit retrouver le titre par lequel l'artiste le désignait. Son propos était en effet de faire d'une manière toute naturaliste «une série sur les instruments et les instrumentalistes, leurs formes; tortillements de mains et de bras et de cou du violoniste; par exemple, gonflement et creusement des joues des bassons, hautbois, etc ...» comme l'indique une note manuscrite dans ses carnets.

Mélomane, fervent de musique française et italienne, Degas se plaît en compagnie de musiciens dont il fait de nombreux portraits. Il se lie en 1868 avec Désiré Dihau, basson à l'Opéra, et sa sœur Marie, cantatrice, et fait connaissance grâce à eux d'autres membres de l'orchestre qui se retrouvent dans un restaurant du quartier «chez la mère Lefebvre», rue de la Tour d'Auvergne. Lorsque Dihau lui demande un portrait, il pense d'abord le représenter seul, puis envisage cette composition de groupe, où il met, pour la première fois, l'accent sur ces musiciens qui passent généralement inaperçus dans un spectacle. Dans la loge d'avant-scène, en haut à gauche, apparaît le visage du compositeur Emmanuel Chabrier; dans la fosse d'orchestre, tous les exécutants sont des portraits identifiables; tournés vers un chef invisible à droite, se reconnaissent les instrumentalistes de l'Opéra, Pillet, violoncelliste, Désiré Dihau, basson, Altès, flûtiste, Lancien et Gout, premiers violons, enfin Gouffé, contrebassiste. La crosse de son instrument se détache sur la scène où dans l'éblouissement de l'éclairage artificiel, évoluent quelques danseuses en tutus roses et bleus, têtes et pieds coupés, audacieuse évocation du véritable spectacle. La composition, savamment agencée, est un jeu combiné d'obliques, les instruments, les jambes des danseuses et de puissantes horizontales, la rampe, le bord de la fosse d'orchestre, avec ce curieux rappel de rectangles que sont la chaise de Gouffé et le mur de la salle de spectacle à côté de la loge. GL

# Edgar DEGAS (1834–1917)

## *La classe de danse* vers 1873–75

Huile sur toile, 85 × 75
Legs du comte Isaac de Camondo, 1911 (R.F. 1976)

Degas commença en 1872 une série de scènes de la vie des danseuses observées à l'Opéra de la rue Le Peletier, exécutant souvent plusieurs versions du même sujet. Des peintures sur ce thème apparaissent aux expositions impressionnistes de 1874, 1876 et 1877, mais notre tableau ne semble pas y avoir figuré. Il fut d'ailleurs l'objet, comme l'atteste la radiographie de l'œuvre, de nombreux remaniements qui permettent de suivre la démarche créatrice de l'artiste. Et si Edmond de Goncourt pouvait noter dans son *Journal* le 13 février 1874 : «C'est jusqu'à présent l'homme que j'ai vu le mieux attraper, dans la copie de la vie moderne, l'âme de cette vie», Degas travaillait longuement ses compositions, en se constituant d'abord un vaste répertoire des gestes, figure par figure. Ici, toutes les modifications visent à concentrer l'intérêt sur le rôle du maître de danse Jules Perrot : il l'avait d'abord tourné vers le fond, puis une étude rapide à l'essence sur papier datée de 1875 (Philadelphie, collection Henry McIlhenny) montre la pose actuelle, reprise donc en 1875. Deux danseuses, au premier plan, regardaient vers le spectateur : l'une est franchement retournée, celle qui porte un tutu à nœud vert; l'autre disparaît — on n'aperçoit plus qu'une partie de son visage — derrière la figure nouvelle de la danseuse assise sur le piano et se grattant le dos. Cette attitude familière est remarquée par le critique d'un journal anglais, *The Echo* du 22 avril 1876, lorsque le tableau fait partie de l'exposition à la Deschamps Gallery de Londres. C'est là qu'il trouve bientôt un amateur en la personne du capitaine Henry Hill de Brighton qui le prête, en même temps que *L'absinthe* à une exposition locale dès l'automne de 1876. Passée en vente chez Christie's le 25 mai 1889, l'œuvre revient en France, par l'intermédiaire de Théo van Gogh qui travaillait chez le marchand Goupil.                                                                                                  GL

# Edgar DEGAS (1834–1917)

## *L'absinthe* 1876

Huile sur toile, 92 × 68

Legs du comte Isaac de Camondo, 1911 (R.F. 1984)

Degas renouvelle ici à plus d'un titre le thème flamand traditionnel des buveurs dans une taverne. Il présente une scène résolument moderne, sorte d'illustration de *L'Assommoir* de Zola qui paraissait justement en feuilleton en 1876. Deux personnages silencieux devant leurs verres, et qui semblent s'ignorer, sont assis sur une banquette du café de la Nouvelle Athènes, place Pigalle, le nouveau lieu de rendez-vous de Manet, Degas et leurs amis, qui désertèrent vers 1875 le fameux café Guerbois, attirés là par le peintre et graveur Marcellin Desboutin. C'est lui que Degas représente, dans le même costume «bohême» que Manet avait peint en 1875 pour son grand portrait en pied de *L'artiste* (Museu de Arte de São Paulo), refusé au Salon de 1876.

A côté, il a placé, dans un rôle de composition, hébétée devant son verre d'absinthe — à la sulfureuse coloration vert clair — l'actrice de pantomime Ellen Andrée, modèle également de Renoir, Manet ou Gervex.

L'originalité de Degas dans cette composition magistrale, qui accentue le caractère de vision directe et d'observation psychologique, est d'avoir placé dans le coin supérieur droit les personnages et d'avoir — comme d'une table voisine — occupé le tableau par la présentation oblique des tables vides sur lesquelles sont distraitement jetés quelques-uns de ces journaux montés sur un manche de bois, à la disposition des clients qui restent des heures à attendre, à surveiller qui passait, comme Desboutin regardant en direction de la vitrine voilée d'un rideau dont le reflet lumineux apparaît dans la glace. Marqué d'un japonisme subtilement compris, ce type de composition en diagonales est repris par Degas en 1879 dans son portrait de Duranty (Glasgow Museums and Art Galleries) qui dans *La nouvelle peinture* notait, en pensant à Degas : «les aspects des choses et des gens ont mille manières d'être imprévus dans la réalité».

Et c'est justement comme représentant de cette nouvelle peinture française que Degas trouve très vite un amateur en Grande-Bretagne, Henry Hill, collectionneur à Brighton qui prête le tableau dès l'automne 1876 à une exposition locale (voir aussi p. 44). Objet de scandale pour son sujet trivial en 1893, lors de son exposition à la Grafton Gallery de Londres, l'œuvre revint bientôt en France et entra sous le titre *L'apéritif* dans la collection de Camondo en mai 1896. Son précédent propriétaire anglais Arthur Kay devait indiquer plus tard que Degas désignait cette œuvre comme *Au café*.

GL

# Edgar DEGAS (1834–1917)

## *L'étoile* ou *La danseuse sur la scène* 1878

Pastel sur papier, 60 × 44

Legs Gustave Caillebotte, 1894; dépôt du Cabinet des Dessins du Louvre (R.F. 12.258)

Depuis une dizaine d'années, Degas s'était attaché à représenter les danseuses au travail, en répétition, au repos, fatiguées, exténuées même, dans les coulisses ou les salles de cours de l'Opéra. Mais la souffrance et l'effort sont récompensés par la grâce des ballerines au cours des spectacles. Il en donne d'abord des vues d'ensemble puis s'arrête, comme ici, sur une danseuse-étoile, isolée sur la scène, transformée en incarnation de la grâce féminine, par les feux de la rampe, tandis que les autres personnages ne sont que silhouettes coupées par les portants du décor. De l'étude objective d'un certain milieu, il passe à cette analyse du mouvement, qu'il devait poursuivre bientôt dans une série de sculptures, dont la remarquable *Grande danseuse habillée* de 1881 (voir la dernière page de la couverture).

En 1878, il est surtout préoccupé de recherches originales de matière, utilisant avec prédilection le pastel pour rendre l'aspect vaporeux du costume de la danseuse. Il oppose des zones délicatement achevées à d'autres plus rapidement colorées et qui laissent deviner l'impression en monotype — procédé fréquent chez Degas — de la première idée de la composition, sa structure même, donnant une solidité remarquable aux parties simplement esquissées au pastel, comme le fond de décor. Quelques zones vivement lumineuses — le cou, la jambe de l'étoile — sont équilibrées par les notes noires du ruban flottant de la danseuse et de l'homme à gauche, régisseur ou admirateur apparaissant dans la coulisse, et créent le relief saisissant de cette image quasi-surnaturelle de la vie factice du spectacle.

GL

# Edgar DEGAS (1834–1917)

## *Chevaux de courses devant les tribunes* vers 1879

Peinture à l'essence sur toile, 46 × 61

Legs du comte Isaac de Camondo, 1911 (R.F. 1981)

Dès 1860, Degas s'intéresse aux courses de chevaux qu'il découvre en Normandie lors de visites chez ses amis Valpinçon. Cela rend parfois difficile la datation de ses œuvres sur un thème qui reste fréquent pendant une vingtaine d'années. Ainsi on peut sans doute reconnaître dans cette peinture à l'essence où l'artiste s'essaie à une technique plus légère et plus transparente que la peinture à l'huile *Chevaux de courses; essence*, exposé sous le n° 63 à la quatrième exposition des Impressionnistes en 1879, mais on a pu penser qu'il l'avait exécutée longtemps auparavant, avant son voyage à la Nouvelle-Orléans. Plusieurs dessins, pour un des jockeys notamment, datent en effet des environs de 1866.

En fait, la représentation des chevaux par Degas n'est pas le résultat de la seule observation d'une scène particulièrement intéressante de la vie moderne, divertissement provincial ou, comme ici, parisien. Mais elle passe par l'étude des tableaux et gravures de même sujet, de Géricault, Alfred de Dreux ou, comme ici, Meissonier. Son tableau, longtemps attendu, de *Napoléon III à la bataille de Solférino* (Louvre), finalement exposé au Salon de 1864, devait, dés son entrée au Musée du Luxembourg en août 1864, attirer les copistes. Degas, pour sa part, en reproduit plusieurs cavaliers dans ses carnets de dessins de la Bibliothèque Nationale, notamment ceux qui apparaissent de dos au premier plan à gauche, se dirigeant vers le groupe de l'Etat-major de l'Empereur. Les chevaux, montés ici par des jockeys, ont très exactement les mêmes attitudes, mais sont insérés différemment dans la composition, celui de droite à gauche et inversement. Ce mouvement divergeant accentue l'effet d'espace du champ de courses dans un jeu d'obliques croisées qui comprend aussi la ligne des tribunes et de la barrière à gauche et les ombres étirées des chevaux. Degas n'en compose donc pas moins un tableau original, vivant, lumineux, ponctué des taches de couleurs vives des gilets des jockeys, tout en étant comme apaisé par la bande horizontale du ciel, qui n'a plus aucun rapport avec le métier de miniaturiste d'un Meissonier.

Il faut enfin rappeler que Degas dans ses débuts ne mettait nullement en cause l'institution du Salon, auquel il participa jusqu'à la fin du Second Empire : c'est ainsi qu'il avait exposé au Salon de 1866 une *Scène de steeple-chase*.                                                      GL

# Edgar DEGAS (1834–1917)

## *Les repasseuses* vers 1884

Huile sur toile, 76 × 81

Legs du comte Isaac de Camondo, 1911 (R.F. 1985)


A la suite d'une visite de Degas, Edmond de Goncourt devait noter dans son *Journal* en date du 13 février 1874 : «Après beaucoup de tentatives, d'essais, de pointes poussées dans tous les sens, il s'est enamouré du moderne et dans le moderne, il a jeté son dévolu sur les blanchisseuses et les danseuses. Je ne puis trouver son choix mauvais, moi qui dans *Manette Salomon* ai chanté ces deux professions comme fournissant les plus picturaux modèles de femmes de ce temps pour un artiste moderne.» La première repasseuse dessinée par Degas est le pastel de 1869 entré au Louvre avec la collection Personnaz, première étude d'un thème qu'il devait développer à maintes reprises et dont la toile ici reproduite est un des plus célèbres exemplaires. Exécutée vers 1884, celle-ci reprend avec quelques variantes une composition au pastel de deux ans antérieure, appartenant à la collection Durand-Ruel. Saisies en plein travail, accablées de fatigue, ces deux figures nous restituent sans complaisance, au même titre que *L'absinthe* (voir p. 46), la profondeur de l'expérience humaine de cet aristocrate qu'était Degas. On trouve ici l'écho de la littérature naturaliste de l'époque — *L'Assommoir* de Zola parut en 1877 — qui inspira alors de très nombreux artistes (Steinlen, Forain, notamment), mais cette puissante image est aussi un morceau de peinture d'une étonnante virtuosité technique rivalisant avec le pastel dans le rendu des effets de matière. Elle ne devait pas manquer de frapper le Picasso de la période bleue qui reprendra ce thème en 1904 sur le mode pathétique (New York, Solomon R. Guggenheim Museum). C F-T

# Edgar DEGAS (1834–1917)

## *Le tub* 1886

Pastel sur carton, 60 × 83

Legs du comte Isaac de Camondo, 1911 ; dépôt du Cabinet des Dessins du Louvre (R.F. 4046)


Le fameux *Tub* entra au Louvre, comme *L'absinthe* ou *Les repasseuses*, à la faveur du somptueux legs Camondo ainsi qu'une importante série de pastels de Degas représentant des femmes à leur toilette. Comme s'en expliquait lui-même le peintre, cet ensemble de nus qui l'occupa intensément pendant douze ans, entre 1878 et 1890 environ, voulait représenter «la bête humaine qui s'occupe d'elle-même, une chatte qui se lèche. Jusqu'à présent, ajoutait-il, le nu avait toujours été représenté dans des poses qui supposent un public. Mais mes femmes sont des gens simples, honnêtes qui ne s'occupent de rien d'autre que de leur occupation physique. En voilà une autre, elle se lave les pieds, c'est comme si vous regardiez à travers le trou de la serrure.» Ce franc parti d'observation sans fard, à l'opposé des nus académiques toujours prisés aux Salons et naguère mis à mal par le Manet d'*Olympia* (voir p. 76), choquera le public de la dernière exposition impressionniste en 1886, où Degas présenta une série de ses nus.

En cette période, l'artiste a de plus en plus recours au pastel dont il porte la technique à un degré de virtuosité jusqu'alors inégalé, mêlant souvent détrempe et essence à la craie pour obtenir de nouveaux effets de matière et de lumière. Quelques années plus tard, sa vue étant menacée, c'est à la sculpture qu'il confiera ses observations, reprenant ses thèmes favoris : danseuses, chevaux et femmes à leur toilette. Dans ce pastel, l'originalité de l'organisation spatiale où le plan de la nature morte coupe hardiment l'espace du tub, doit beaucoup au japonisme dont les peintres tiraient alors d'inédites formules de mise en page. Degas était passé maître dans cet art d'assembler les divers plans du tableau, ce qui frappa sûrement Gauguin à ses débuts et les futurs Nabis, Bonnard, Vuillard, Maurice Denis ... A travers les nus de Degas, la postérité d'Ingres dont il avait été le disciple, s'étend largement jusqu'au XXe siècle ; il n'est que d'évoquer les nus de Maillol, Valadon ou Picasso.                                                    CF-T

# Paul GAUGUIN (1848–1903)

## *Les Alyscamps, Arles* 1888

Huile sur toile, 91 × 72

Don de la comtesse Vitali en souvenir de son frère le vicomte Guy du Cholet, 1923 (R.F. 1938–47)

«Ce fut à Arles que j'allai retrouver Vincent Van Gogh, après des sollicitations nombreuses de sa part. Il voulait, disait-il, fonder l'atelier du Midi dont je serais le chef», écrira plus tard Gauguin dans *Diverses choses*, manuscrit de 1896–97. L'automne 1888 réunit donc ces deux solitaires passionnés dans le Midi de la France, un Gauguin bien conscient de son prestige de chef de l'école de Pont-Aven, un Van Gogh avide de réconfort et de chaleur humaine. La célèbre nécropole chrétienne des Alyscamps où l'on distingue à l'arrière-plan la coupole de la chapelle Saint-Honorat inspira aux deux artistes plusieurs toiles où il est difficile de discerner l'influence réciproque qu'ils exercèrent l'un sur l'autre. L'éclatante version de Gauguin montre une appréhension «synthétiste» du paysage hardiment découpé en zones colorées délimitées par des arabesques décoratives au mépris du rendu exact de la topographie. Gauguin use ici de couleurs particulièrement vives et d'une touche encore fractionnée héritée de l'impressionnisme pour traduire l'éclat du paysage méditerranéen. Mais on remarquera surtout l'arbitraire de ses couleurs — tronc bleu et violente tache rouge à droite — qui montrent bien comment Gauguin ouvrit la voie aux audaces de la peinture moderne, des Nabis aux Abstraits via les Fauves. Cette toile illustre la leçon naguère prodiguée par Gauguin au jeune peintre Sérusier, peu avant son départ de Bretagne : «Comment voyez-vous cet arbre? Il est vert? Mettez donc du vert, le plus beau vert de votre palette; et cette ombre, plutôt bleue? Ne craignez pas de la peindre aussi bleue que possible.» Cette conversation rapportée par Maurice Denis devait aboutir à l'exécution du fameux *Talisman*; ainsi devait naître le groupe des Nabis.     CF-T

# Paul GAUGUIN (1848–1903)

## *Les meules jaunes* ou *La moisson blonde* 1889

Huile sur toile, 73 × 92

Donation de Mme Huc de Monfreid, 1951 (R.F. 1951–6)

Cette toile se situe après l'épisode d'Arles et de la confrontation avec Van Gogh lors du troisième séjour du peintre en Bretagne pendant l'été 1889. Un bref passage à Paris, où la Tour Eiffel suscite émoi et contestation dans le cadre de l'Exposition Universelle, a permis à Gauguin de présenter au public parisien une sélection de sa production antérieure; mais l'exposition du café Volpini où les œuvres de ses amis encore inconnus (Schuffenecker, Laval, Bernard, Anquetin) côtoient les siennes propres ne rencontre guère qu'incompréhension. C'est donc un Gauguin déçu qui regagne la Bretagne où il élit cette fois domicile dans le petit village du Pouldu non loin de Pont-Aven. Il s'installe à l'auberge de Marie Henry, également surnommée Marie Poupée et qu'ont immortalisée les portraits que nous en ont laissés Gauguin et ses amis. Rompant sans retour avec l'impressionnisme de ses débuts (*La Seine au pont d'Iéna*, 1875) encore sensible dans ses premières œuvres bretonnes (*Les lavandières à Pont-Aven* de 1886), Gauguin progresse résolument dans la voie d'une peinture idéaliste, «synthétiste» comme il se plaisait lui-même à la définir, peinture affranchie des contraintes du naturalisme alors à l'honneur dans les Salons officiels. Loin du tumulte parisien, la Bretagne, où l'on peut encore vivre à peu de frais, offre le spectacle d'un pays aux traditions vivantes où l'archaisme est encore d'actualité, Gauguin reviendra souvent sur ce thème des meules particulièrement cher à l'école de Pont-Aven. Ici l'énorme masse de la meule envahit la toile fortement structurée où se découpent les silhouettes de deux Bretonnes en costume traditionnel. Ces recherches vont à l'opposé de l'impressionnisme. Il suffit pour s'en convaincre de comparer cette œuvre avec les célèbres *Meules* de Monet dont le Jeu de Paume possède un très bel exemplaire daté 1891.                                                      CF-T

# Paul GAUGUIN (1848–1903)

## *Le repas* 1891

Huile sur papier marouflé sur toile, 72 × 92

Donation de M. et Mme André Meyer sous réserve d'usufruit, 1954 ; abandon de l'usufruit, 1975 (R.F. 1954-27)

Au séjour breton succède en 1891 l'évasion, l'exil volontaire à Tahiti où Gauguin aborde en 1891. Révolte contre un public qui ne comprend rien à son art, fuite devant les problèmes matériels et familiaux, rage contre la civilisation et rejet de l'odieux réalisme en matière d'art, toutes ces raisons poussent Gauguin à larguer les amarres. Van Gogh en lui recommandant la lecture de Pierre Loti a sûrement beaucoup contribué à orienter l'artiste vers cette île où il espère retrouver l'Eden perdu de ses rêves. *Le repas* qui figure aussi sous le titre *Nature morte fei* (*fei* veut dire banane en tahitien) dans un des carnets de Tahiti du peintre est un des premiers tableaux réalisés là-bas. C'est aussi l'un des plus beaux par ses qualités plastiques et décoratives, montrant bien que l'art de Gauguin trouve sa vraie dimension sous les Tropiques. Au premier plan, occupant les deux tiers du tableau rythmé de bandes horizontales, s'épanouit une splendide nature morte riche de toutes les saveurs tropicales et dont les ombres portées bleues exaltent les couleurs. Une coupe locale s'y découpe au centre dont on peut voir dans une vitrine voisine un modèle analogue sculpté par Gauguin lui-même et ayant appartenu au célèbre marchand de tableaux Ambroise Vollard. Ce seul morceau de peinture fait de Gauguin l'égal de Cézanne dans la définition de l'espace et des volumes par la couleur. La composition en frise et la juxtaposition de ces trois visages d'enfants simplement absorbés par la vie, confèrent à cette œuvre un charme énigmatique puissant.                    C F-T

# Paul GAUGUIN (1848–1903)

## *Femmes de Tahiti* ou *Sur la plage* 1891

Huile sur toile, 69 × 91

Legs du vicomte Guy du Cholet, 1923 (R.F. 2765)

«Toujours ce silence. Je comprends pourquoi ces individus peuvent passer des heures, des journées assis sans dire un mot et regarder le ciel avec mélancolie. Je sens tout cela qui va m'envahir», écrit Gauguin en juillet 1891 à sa femme, Mette, réfugiée au Danemark auprès des siens. C'est à travers les Tahitiennes, ses compagnes successives, que l'artiste se laisse pénétrer par le charme indolent et mélancolique de l'âme maorie. Les *Femmes de Tahiti*, contemporaines du *Repas* (voir p. 60) et des plus beaux portraits de Tahitiennes comme le célèbre *Vahine no te tiare* (*La femme à la fleur*) de Copenhague, nous offre une splendide image de cette vie aussi végétative que puissante. Cette toile obéit aux mêmes principes de composition que *Le repas* par l'association de larges bandes horizontales refusant la profondeur de l'espace et de deux grandes figures découpées au premier plan, schéma déjà mis au point par l'artiste au cours de ses années bretonnes. Le motif tahitien du paréo à fleurs renforce le parti décoratif de cette toile dont il anime les audacieux accords colorés. Aux chastes attitudes des *Femmes de Tahiti* répond la prometteuse sensualité de celles représentées sur une toile voisine justement intitulée *Et l'or de leur corps*.                                    C F-T

# Paul GAUGUIN (1848–1903)

## *Portrait de l'artiste* vers 1893–94

Huile sur toile, 46 × 38
Acquis en 1966 (R.F. 1966–7)

A la différence des Impressionnistes, Monet, Renoir, Sisley ... , peu de peintres se sont montrés — à des titres divers — aussi préoccupés de leur image que Gauguin, Van Gogh ou Cézanne. Le Musée du Jeu de Paume possède de chacun d'eux d'importants autoportraits révélateurs tant de leur attitude par rapport à eux-mêmes que de leur recherche picturale. Aux introspections angoissées d'un Van Gogh dont le *Portrait de l'artiste* de 1889 (voir p. 150) est un émouvant exemple, s'opposent les mises en scènes altières et raffinées de Gauguin toujours soucieux de correspondances symboliques et les solides constructions de Cézanne. Outre ce portrait réalisé vers 1893 lors du premier retour de Tahiti à Paris, le Jeu de Paume possède un autre autoportrait de Gauguin, de trois ans postérieur, dédicacé à son ami Daniel de Monfreid où le peintre s'est représenté de profil. Suivant la grande tradition classique, Gauguin aimait volontiers se représenter devant celles de ses œuvres qu'il affectionnait particulièrement. On reconnaît ici à l'arrière-plan le tableau intitulé *Manau Tupapau* (*L'esprit des morts veille*) peint à Tahiti en 1892. Gauguin s'était déjà représenté en 1889 devant son célèbre *Christ jaune*; à cela deux bonnes raisons : ne se considérait-il pas modestement comme le nouveau Christ de la peinture, et c'est à juste tître qu'il plaçait cette toile au premier rang de ses innovations bretonnes. Van Gogh, Carrière, Charles Morice se virent également dédicacer des autoportraits aux messages symboliques. Dans cette toile au revers de laquelle figure un portrait de son voisin à Paris, le compositeur William Molard, Gauguin s'est campé, plein de morgue, dans un extravagant costume bien révélateur de son tempérament de comédien. La réussite plastique de ce portrait en fait une des effigies les plus importantes de l'artiste.                    CF-T

# Paul GAUGUIN (1848-1903)

## *Paysannes bretonnes* 1894

Huile sur toile, 66 × 92

Donation Max et Rosy Kaganovitch, 1973 (R.F. 1973-17)

Avons-nous affaire avec cette toile datée de 1894 — c'est-à-dire après le premier séjour tahitien — à un retour en arrière de l'artiste, à un nouveau pélerinage aux sources bretonnes? C'est ce qu'inclinerait à penser le choix d'un des sujets de prédilection du peintre lors de ses séjours à Pont-Aven et au Pouldu les années précédentes : une scène paysanne bretonne. La partie gauche du tableau où l'on distingue un homme courbé vers le sol et deux minuscules silhouettes en costume traditionnel n'est pas sans rappeler les premiers paysages bretons de Gauguin et ce qu'en retinrent essentiellement ses confrères, Emile Bernard, Sérusier ou Meyer de Haan : même paysage nettement structuré, semblables oppositions d'a-plats de couleurs. Mais, si ces deux supposées bretonnes portent la coiffe locale, leurs traits, leurs attitudes mêmes évoquent davantage les tahitiennes déjà immortalisées par Gauguin à cette date que les rustiques habitantes du pays breton telles qu'il les dessinait par exemple dans ses gravures sur zinc au temps du Pouldu. Le paysage même se pare à droite de résonnances exotiques où se mêlent aux accents tahitiens les souvenirs du premier voyage à la Martinique en 1887. Il faut dire que ce dernier séjour breton n'est guère exaltant pour Gauguin qui ne rêve qu'une chose : «en décembre, je rentrerai [à Paris] et je travaillerai chaque jour à vendre tout ce que je possède ... Une fois le capital en poche, je repars pour l'Océanie ... Rien ne m'empêchera de partir et ce sera pour toujours». Cette toile fait partie comme *L'église de Vétheuil* de Monet (voir p. 100) de l'importante donation Kaganovitch venue enrichir le Jeu de Paume de nombreuses œuvres impressionnistes (Cézanne, Pissarro) et post-impressionnistes (Bonnard, Derain, Vlaminck).

CF-T

# Paul GAUGUIN (1848–1903)

## *Vairumati* 1897

Huile sur toile, 73 × 94

Ancienne collection Matsukata. Entré au Louvre en application du traité de paix avec le Japon, 1959 (R.F. 1959–5)

De Tahiti où il s'était réinstallé dès 1895, Gauguin fit parvenir cette toile au marchand parisien Ambroise Vollard à la fin de l'année 1898. «Le rêve qui m'amenait à Tahiti était cruellement démenti par le présent, c'est la Tahiti d'autrefois que j'aimais et je ne pouvais me résigner à croire qu'elle fût tout à fait anéantie, que cette belle race n'eût rien nulle part sauvegardé de sa belle splendeur», écrit Gauguin dans *Noa-Noa*. Déception sublimée par la peinture si l'on en croit cette toile où le rêve tahitien s'est fait chair dans une chaude harmonie d'ocres et de rouge. L'héroïne en est la belle Vairumati (mauvaise orthographe de Gauguin pour le nom tahitien de Vairaumati), personnage de légende de la peuplade tahitienne des Ariois. Celle-ci aurait attiré sur terre le dieu Oro donnant ainsi naissance à la race des Ariois longtemps maîtresse de l'île en des temps immémoriaux. Gauguin la décrit ainsi dans *Noa-Noa* : «Elle était de haute stature et le feu du soleil brillait dans l'or de sa chair, tandis que tous les mystères de l'amour sommeillaient dans la nuit de ses cheveux.» Cette figure réapparaît avec l'oiseau symbolique dans le grand triptyque du Museum of Fine Arts, Boston, *D'où venons-nous? Que sommes-nous? Où allons-nous?* Des images du temple javanais de Borobudur inspirèrent probablement Gauguin pour les deux personnages féminins du fond.                CF-T

# Paul GAUGUIN (1848–1903)

## *Le cheval blanc* 1898

Huile sur toile, 140 × 91

Acquis en 1927 (R.F. 2616)

«Mais le cheval est vert! Il n'existe pas de tels chevaux» devait s'exclamer le destinataire de l'œuvre, un pharmacien peu sensible à l'étrange poésie de ce tableau et qui pour cette raison la refusa. *Le cheval blanc* rejoignit alors d'autres œuvres tahitiennes que Gauguin avait déjà envoyées à son fidèle ami Daniel de Monfreid. Celui-ci ne mesurait pas ses efforts pour tenter de vendre les toiles de Gauguin sur le marché parisien afin d'envoyer quelque soutien financier à l'artiste toujours aux prises avec les pires déboires d'argent. Pour finir, Daniel de Monfreid en proposa l'acquisition aux Musées Nationaux et c'est ainsi que le *Cheval blanc* entra en 1927 au Musée du Luxembourg, le musée d'art moderne de l'époque. Longtemps incomprise, cette toile est pourtant à compter au nombre des plus belles réussites tahitiennes de l'artiste, une de celles où l'effet décoratif et l'étrangeté du contenu se marient à merveille dans une symphonie hautement colorée. Si originale qu'elle soit, cette œuvre se nourrit pourtant de la plus pure tradition antique : c'est, en effet, à l'un des motifs de la frise ouest du Parthénon dont il possédait d'anciennes phototypies, que Gauguin emprunte l'attitude du cheval blanc, tandis que l'arbre trahit l'influence du Japon déjà sensible dans les tableaux de la période bretonne. On peut aussi lui trouver des affinités avec plusieurs toiles de chevaux de Degas que Gauguin admirait fortement. Ces diverses sources iconographiques se mêlent inextricablement à la mythologie locale polynésienne où le cheval blanc faisait figure de symbole du sacré. C F - T

# Edouard MANET (1832–1883)

## *Portrait de M. et Mme Auguste Manet* 1860

Huile sur toile, 115,5 × 91

Acquis grâce à l'aide de la famille Rouart, de Mme J. Weil Picard et d'un donateur anonyme étranger, 1977 (R.F. 1977–12).

Après six années d'études dans l'atelier de Thomas Couture — qui n'excluent pas quelques heurts avec le maître — et la visite de nombreux musées d'Europe, Manet envoie un premier tableau, un *Buveur d'absinthe*, qui lui est refusé au Salon de 1859. En 1861, au Salon suivant, deux œuvres sont acceptées et lui valent une mention honorable : le *Chanteur espagnol* suscite l'admiration d'un groupe de peintres réalistes, Fantin-Latour, Legros, Carolus-Duran, tandis que le portrait de ses parents déconcerte et est souvent mal accueilli. On le trouve vulgaire, trop réaliste. Jacques-Emile Blanche rapporte qu'une amie de Mme Manet disait : «on dirait deux concierges».

En fait Manet peint ici ses parents en tenue d'intérieur, dans leur salle-à-manger. Son père (1797–1862), magistrat important, conseiller à la cour, est représenté tendu, vieillissant, deux ans avant sa mort. Sa femme (1812–1883) n'avait alors que cinquante ans et elle devait survivre à son époux et à son fils. Elle a l'air inquiet, occupée ici à prendre des laines à broder — une rare touche de couleurs dans cet austère tableau noir — pour continuer l'ouvrage posé à droite sur la table. Le tableau évoque la vie sévère d'un couple de la grande bourgeoisie du Second Empire et constitue une image de la société du temps aussi frappante que le *Portrait de Bertin* (Louvre) par Ingres pour la Monarchie de Juillet.

Comme souvent, Manet a dû travailler longuement cette œuvre : la radiographie révèle que l'artiste avait d'abord représenté son père plus jeune, sans moustache et avec une barbe moins abondante.                                                                                    GL

# Edouard MANET (1832–1883)

## *Le déjeuner sur l'herbe* 1863

Huile sur toile, 208 × 264

Donation Etienne Moreau-Nélaton, 1906 (R.F. 1668)

Emile Zola écrivait, le 1er janvier 1867 : «*Le Déjeuner sur l'herbe* est la plus grande toile de Manet, celle où il a réalisé le rêve que font tous les peintres : mettre des figures de grandeur naturelle dans un paysage …». Le paysage — sous-bois lumineux et rivière — il l'avait déjà abordé peu de temps avant dans *La pêche* (New York, Metropolitan Museum) dont on retrouve ici la barque, et qui est un mélange d'études faites à l'île Saint-Ouen sur la Seine près de sa maison de campagne de Gennevilliers et de souvenirs de Carrache et de Rubens. Et avec *La nymphe surprise* (Buenos Aires, Museo Nacional de Bellas Artes), composition plusieurs fois modifiée, il avait représenté son premier nu de grand format en plein air.

Pour *Le déjeuner sur l'herbe*, les sources anciennes sont bien connues : ce sont notamment le *Concert champêtre* du Titien (alors attribué à Giorgione, Louvre), le *Jugement de Paris* de Raphaël dont la gravure de Marcantonio Raimondi était fort célèbre dans les ateliers. Mais il semble bien que Manet ait voulu aussi rivaliser avec Courbet, le dépasser dans la représentation des sujets modernes en étant plus audacieux que le tonitruant maître du réalisme ne l'avait été dans les *Baigneuses* du Salon de 1853 (musée de Montpellier) ou dans les *Demoiselles des bords de la Seine* du Salon de 1857 (Petit Palais, Paris), au déshabillé encore bien allusif. Il fait poser ici, dans l'attitude exacte des figures de Marcantonio, des jeunes gens en costume moderne — habillés comme ceux du Titien — le sculpteur hollandais Ferdinand Leenhoff, frère de sa compagne Suzanne, au centre et, de profil, l'un ou l'autre de ses frères. Le nu assis est Victorine Meurent, son modèle préféré depuis un an, où chacun vit alors un modèle au repos, prêt à se rhabiller et non quelque figure idéale comme en peignaient alors Cabanel, Baudry ou Amaury-Duval dont les trois *Vénus* enchantèrent les visiteurs du Salon de 1863. Dans les salles voisines du Palais de l'Industrie où s'ouvrit, quinze jours plus tard, le Salon des Refusés, institué par Napoléon III pour compenser la sévérité du jury académique, Manet s'attira un succès de scandale avec *Le bain*, comme s'intitulait alors le tableau. Il choqua autant par le sujet, qu'il devait désigner lui-même comme une «partie carrée», que par une large technique, qui ne parut qu'ébauche, sauf en la partie inférieure gauche où il peint avec virtuosité la nature morte de provisions et de vêtements jetés.                                                    GL

# Edouard MANET (1832–1883)

## *Olympia* 1863

Huile sur toile, 130,5 × 190

Offert à l'Etat par souscription publique sur l'initiative de Claude Monet, 1890 (R.F. 644)

Devenu, comme *Le déjeuner sur l'herbe*, un des chefs d'œuvre classiques de la peinture universelle qui devait, à son tour, inspirer les artistes modernes, de Cézanne (voir p. 24) à Picasso ou Larry Rivers, à l'égal de la *Grande odalisque* d'Ingres à coté de laquelle elle fut exposée au Louvre en 1907, lorsqu'on la transfera du Musée du Luxembourg, *Olympia* suscita, au Salon de 1865, un scandale sans précédent et une hilarité quasi générale. On condamna le dessin, les ombres en «rais de cirage» selon l'expression de Théophile Gautier, la prétention du peintre à vouloir représenter une «auguste jeune fille» comme l'indiquait, au livret, le poème de Zacharie Astruc accompagnant l'énigmatique titre du tableau. On y reconnut un modèle moderne en train de poser, un nu réaliste, une prostituée lançant un regard hardi vers le spectateur, tandis que sa domestique noire lui apporte un bouquet offert par quelque client.

Manet a voulu ici se confronter une fois de plus avec les maîtres du passé, tout en reprenant un thème très fréquent dans les Salons du XIXᵉ siècle, traité sur un mode parodique. Les sources picturales évidentes sont la *Vénus d'Urbin* du Titien qu'il avait copiée à Florence, pour la composition d'ensemble et la pose même d'Olympia, et aussi, pour son arrogance et son insolence, la *Maja desnuda* de Goya. Mais il transpose ses modèles dans un registre naturaliste, peignant, comme devait le rapporter son ami Antonin Proust, ce qu'il avait vu. Les contemporains, choqués par les contrastes vigoureux, les tons plats, ne furent pas sensibles à l'harmonie d'une composition classique, au raffinement des blancs, des ivoires et des roses, à la richesse des fonds qu'une récente restauration fait superbement réapparaître, à la virtuosité d'un bouquet fait de quelques taches de couleur, les rouges faisant écho au nœud d'Olympia et aux fleurs du châle … , à tout ce qui nous apparaît maintenant comme un savant plaisir de peindre.                    GL

# Edouard MANET (1832–1883)

## *Le fifre* 1866

Huile sur toile, 160 × 98
Legs du comte Isaac de Camondo, 1911 (R.F. 1992)

Le jeune modèle est un «fifre des voltigeurs de la garde», un enfant de troupe de la Garde impériale de la caserne de la Pépinière, que son ami, le commandant Lejosne, oncle de Bazille, avait amené à Manet. Comme *L'acteur tragique*, portrait de Rouvière dans le rôle d'Hamlet, de 1865 (Washington, National Gallery of Art), également refusé au Salon de 1866, *Le fifre* est un hommage de Manet à la peinture de Vélasquez qui l'avait tant impressionné et ravi au Prado, lors de son séjour en Espagne en août 1865. Il semble définir sa propre démarche lorsqu'il écrit à Fantin à propos de celui qu'il qualifie de «peintre des peintres» : «Le morceau le plus étonnant de cet œuvre splendide, et peut-être le plus étonnant morceau de peinture qu'on ait jamais fait, c'est le tableau indiqué au catalogue : *portrait d'un acteur célèbre du temps de Philippe IV*. Le fond disparaît : c'est de l'air qui entoure le bonhomme, tout habillé de noir et vivant.»

Amené par le peintre Guillemet dans l'atelier de Manet, Zola publiait bientôt dans *L'Evénement* du 7 mai 1866, un article vibrant d'enthousiasme, qui devait entrainer sa démission de ce journal. A propos du *Fifre* il écrivait : «Je ne crois pas qu'il soit possible d'obtenir un effet plus puissant avec des moyens moins compliqués. Le tempérament de M. Manet est un tempérament sec, emportant le morceau ... il ne recule pas devant les brusqueries de la nature; il passe du blanc au noir sans hésiter, il rend dans leur vigueur les différents objets se détachant les uns sur les autres.»

Accusé d'avoir donné là une image d'Epinal, une carte à jouer, par cet audacieux voisinage de rouge et de noir sur un fond gris, avec les quelques notes acides de jaune, qui lui étaient chères, Manet rendait en fait hommage, non seulement à l'Espagne, mais à ces a-plats noirs des estampes japonaises qu'il admirait alors.                                                    GL

# Edouard MANET (1832–1883)

## *Portrait d'Emile Zola* 1868

Huile sur toile, 146 × 114

Donation sous réserve d'usufruit de Mme Emile Zola, 1918 ; entré au Louvre en 1925 (R.F. 2205)

Le romancier naturaliste Emile Zola, ami d'enfance de Cézanne, s'était très tôt intéressé à la peinture et avait vivement défendu Manet lorsque celui-ci avait été refusé au Salon de 1866. Il développa bientôt ses idées dans un retentissant article de la *Revue du XIXe siècle* du 1er janvier 1867 : «Une nouvelle manière de peindre. Edouard Manet», qui devait être réimprimé en plaquette au moment de l'exposition particulière de Manet, place de l'Alma, en marge de l'Exposition Universelle de 1867. C'est en manière de remerciement — et scellant le début d'une relation qui va de l'estime à une fidèle amitiè — que Manet proposa à Zola de faire son portrait qu'il signe du titre même de la fameuse brochure, placée à droite sur la table derrière la plume de l'écrivain. Commencé sans doute en novembre 1867, le tableau ne passa pas inaperçu au Salon de 1868 où il fut l'objet de vives polémiques ; beaucoup reprochèrent l'expression lointaine, voire indifférente de l'écrivain et le jeune Odilon Redon y voit : «plutôt une nature morte que l'expression d'un caractère humain». Il est certain que Manet avait soigneusement agencé en une géométrie rigoureuse d'horizontales et de verticales un décor qui montre tout à la fois les intérêts du peintre et de son critique. Ainsi, le cadre en haut à droite contient plusieurs images emblématiques. On reconnaît une reproduction — photographie d'après une gravure (?) — d'*Olympia*, le regard tourné en remerciement vers Zola qui considérait le tableau du Salon de 1865 (voir p. 76) comme le chef-d'œuvre de Manet : «l'expression complète de son tempérament». Au-dessus, la gravure des *Buveurs*, due sans doute à Nanteuil, d'après Vélasquez, signifie tout à la fois l'admiration de Manet pour l'artiste et celle de Zola pour une œuvre au «naturalisme épais, brutal et violent», selon l'expression de Charles Blanc, l'auteur d'une *Histoire des peintres de toutes les écoles*, dont Zola tient justement un volume illustré ouvert sur ses genoux. Enfin, l'estampe d'Utagawa Kuniaki II, *Le lutteur Onaruto Nadaemon de la province d'Awa*, exemple de ces œuvres aux colorations vives de l'Ukiyo-e tardif qui donnèrent confiance aux artistes à la recherche de simplification dans les couleurs et de modernité, fait écho au paravent japonais, partiellement visible à gauche, élément fréquemment utilisé à l'époque par d'autres artistes du même groupe, Whistler, Tissot ou Alfred Stevens.                    GL

# Edouard MANET (1832–1883)

## *Le balcon* 1868–69

Huile sur toile, 169 × 125
Legs Gustave Caillebotte, 1894 (R.F. 2772).

La première idée du tableau vient d'une scène entrevue pendant l'été de 1868 à Boulogne-sur-Mer, mais la composition générale est un des derniers exemples d'hispanisme chez Manet : elle s'inspire d'une œuvre de Goya, les *Majas au balcon* qu'il avait pu voir, adolescent, dans la galerie espagnole de Louis-Philippe, mais qui, surtout, venait d'être reproduite en 1867 dans l'ouvrage d'Yriarte sur ce peintre. Fidèle à sa méthode, Manet peint d'après nature, observant au cours de longues séances de pose dans son atelier de la rue Guyot aux Batignolles, pendant l'automne et l'hiver 1868–69. On reconnaît Berthe Morisot, assise, dont c'est la première apparition dans l'œuvre de Manet, Fanny Claus, jeune violoniste de concert, amie du ménage Manet, et Antoine Guillemet, peintre de paysages qui devait faire une honorable carrière au Salon et aider, à plusieurs reprises, ses amis impressionnistes. A l'arrière plan, le petit porteur d'aiguière aurait été posé par Léon Leenhoff, l'enfant qu'élevait Manet.

Il n'y a plus rien ici de la scène de genre de Goya, avec ses conversations à voix basse ; c'est l'image d'un moment précis, une sorte d'instantané sur une scène de la vie moderne où chacun des personnages est comme figé dans son individualité psychologique, sans aucune communication avec les autres. Cela dérouta même les théoriciens du naturalisme et suscita bien des réactions hostiles, au Salon de 1869. Le vert des persiennes et du balcon, le bleu éclatant de la cravate de Guillemet, auquel répond celui plus nuancé de l'hortensia, sorte d'évocation emblématique du plein air, les contrastes violents entre les clairs et les sombres firent alors l'effet d'une provocation. Le pouvoir énigmatique de cette œuvre n'a cessé d'agir, comme en témoigne la composition de même titre que peint Magritte en 1950, où il remplace les personnages par trois cercueils, dont l'un assis (musée de Gand). GL

# Edouard MANET (1832–1883)

## *Sur la plage* 1873

Huile sur toile, 59,6 × 73,2

Donation Jean-Edouard Dubrujeaud sous réserve d'usufruit, 1953; entré au Jeu de Paume en 1970
(R.F. 1953-24)

A cette époque, Manet n'était plus seulement vénéré par un petit groupe d'artistes et d'écrivains modernes, mais commençait à connaître des temps meilleurs. En 1872, il avait vendu de nombreuses toiles au marchand Durand-Ruel qui avait rencontré Monet à Londres en 1871 et s'intéressait dès lors au groupe des Batignolles. Au Salon de 1873, Manet venait d'obtenir son premier succès important depuis 1861, avec *Le bon bock*, portrait du graveur Belot où se sentait l'admiration de l'artiste pour les œuvres de Frans Hals, vues à Haarlem en 1872. On peut trouver quelques autres reminiscences de l'art du peintre hollandais dans les figures qu'il peignit sur le motif — ainsi que l'attestent des grains de sable dans la peinture — à Berck-sur-Mer. Il y séjourna trois semaines en famille en juillet 1873. On reconnaît ici sa femme Suzanne, en train de lire, et son frère Eugène méditatif.

Par rapport aux plages de Boudin ou à celles, contemporaines, de Monet, Manet donne une monumentalité exceptionnelle aux personnages qui occupent ici la majeure partie du tableau. La ligne d'horizon est reportée tout en haut et la mince bande de ciel est scandée par les voiles sombres de quelques bateaux. Dans cet univers de sable et de mer, tout en gris, ocre et bleu, Manet introduit, en contrepoint, une petite touche de rouge sur la chaussure de Mme Manet au premier plan, qui contribue à créer l'atmosphère lumineuse de cette plage du Nord. GL

# Edouard MANET (1832–1883)

## *La serveuse de bocks* 1879

Huile sur toile, 77,5 × 65

Ancienne collection Matsukata. Entré au Louvre en application du traité de paix avec le Japon, 1959 (R.F. 1959–4)


A partir de 1877–78, nombreuses sont chez Manet — comme chez Degas au même moment — les représentations de la vie animée des cafés. Des dessins pris sur le vif sont la base de peintures recomposées à l'atelier, par exemple celle, importante, qui représentait le café-concert de Reichshoffen, situé sans doute boulevard de Rochechouart, que Manet commença en août 1878, mais qu'il devait couper en deux parties retravaillées séparément. Celle de droite, *Coin de café-concert* (Londres, National Gallery) est en rapport direct avec notre tableau qui présente cependant de nombreuses variantes et semble une élaboration nouvelle, simplifiée, plus aboutie du même sujet, vraisemblablement postérieure.

Ainsi la ligne horizontale de la scène éclairée disparaît au profit d'une composition serrée, scandée des verticales du fond auxquelles répondent celles du chapeau haut-de-forme et des bocks d'un superbe orangé. Bien des détails disparaissent, les musiciens de l'orchestre et l'oblique de leurs instruments, la table en biais et les verres à gauche au profit d'une sorte de gros-plan sur des personnages de milieux divers qui se côtoient sans se connaître, l'ouvrier en blouse, le bourgeois au chapeau haut-de-forme, la dame au chignon relevé, au-dessus desquels surgit la serveuse. Tandis que les clients sont tournés, plus ou moins attentifs, vers la scène où se profile à gauche la robe longue et le bras d'une chanteuse dont la présence ne peut être qu'indifférente à la serveuse au travail, celle-ci tourne délibérément ses yeux vers un personnage invisible — celui qui regarde le tableau — donnant ainsi la réalité de la vie au tableau. C'est ici comme l'amorce de cette subtile création tardive de Manet, son dernier grand chef-d'œuvre, *Un bar aux Folies-Bergère* en 1881–82 (Londres, Institut Courtauld), où l'interlocuteur de la serveuse au regard absent et mélancolique apparaît dans le miroir.                                                            GL

# Claude MONET (1840–1926)

## *Femmes au jardin* 1866–67

Huile sur toile, 255 × 205
Acquis en 1921 (R.F. 2773)

Claude Monet passa son enfance et sa jeunesse au Havre où il trouva son premier véritable maître, Eugène Boudin, et se lia avec le paysagiste hollandais Jongkind, deux artistes résolument non-conformistes dont l'exemple décida de l'orientation future du jeune artiste. Venu à Paris, il s'inscrivit à l'Atelier Gleyre où il rencontre Bazille, Renoir et sans doute Sisley. En 1865, il envoie au Salon deux paysages qui obtiennent la faveur de la critique, succès répété l'année suivante avec sa *Camille* (Brême, Kunsthalle) où dominent les influences de Courbet mais aussi de Manet. Ainsi encouragé, Monet commence une immense composition avec des figures en plein air, *Le déjeuner sur l'herbe* — un hommage mais aussi peut-être un défi à Manet — laissé ensuite inachevé alors qu'il entreprend, à Sèvres, près de Paris où il réside alors, ses *Femmes au jardin* auxquelles il travaille encore au cours de l'hiver 1866–67 à Honfleur. Afin de préserver dans le tableau définitif la fraicheur de la vision première Monet avait décidé de peindre entièrement sa toile en plein air ce qui n'allait pas sans difficultés à cause de l'immense format choisi; c'est Camille Doncieux — qu'il épousera en 1870 — qui a posé pour les trois figures à gauche de la composition, dans un jardin bourgeois de la banlieue parisienne. Ce choix d'un sujet «vulgaire», mais qui plut à Zola par sa modernité, autant que la liberté de la technique soulignant de forts contrastes d'ombre et de lumière et l'éclat des couleurs firent que la toile fut refusée par le Jury du Salon de 1867. Cet échec, aggravant les difficultés financières de l'artiste, confirmait sa position de dissident. Rappelons que cette œuvre appartint à Bazille puis à Manet, avant de revenir à son auteur qui la vendit aux Musées Nationaux en 1921, alors qu'il avait atteint la gloire. AD

# Claude MONET (1840–1926)

## *L'Hôtel des Roches Noires à Trouville* 1870

Huile sur toile, 80 × 55

Donation Jacques Laroche sous réserve d'usufruit, 1947; entré au Jeu de Paume en 1976 (R.F. 1947-30)

Au cours des années soixante Monet travailla fréquemment sur la côte normande aux alentours du Havre où résidait sa famille. Lorsque Monet peignit ce tableau à Trouville, il s'apprêtait à quitter la France pour Londres à la suite de la déclaration de guerre franco-prussienne. Paradoxalement la gaieté immédiatement sensible de cette composition est en contraste absolu avec les difficultés matérielles dans lesquelles se débat Monet qui ne compte alors que de très rares amateurs, son œuvre étant officiellement condamnée par des refus répétés au Salon parisien. Par son sujet, *L'Hôtel des Roches Noires à Trouville* rappelle les peintures les plus séduisantes de Boudin, chroniqueur charmant des mondanités balnéaires de Trouville et de Deauville «lancées» sous le Second Empire. Par la forme c'est un magnifique exemple de l'audace technique du peintre qui en quelques touches vigoureusement brossées restitue la qualité de la lumière et des ombres, donne vie à des silhouettes allusives, suggérant par le grand ciel où le vent chasse de légers nuages la fraîcheur marine de cette promenade en bordure immédiate de la plage. Le souvenir de *L'Hôtel des Roches Noires*, titre traditionnel de l'œuvre, est lié au monde que Proust a évoqué beaucoup plus tard. AD

# Claude MONET (1840–1926)

## *Les coquelicots* 1873

Huile sur toile, 50 × 65

Donation Etienne Moreau-Nélaton, 1906 (R.F. 1676)

A son retour d'Angleterre à l'automne 1871, Monet ne tarda pas à s'installer à Argenteuil qui n'était encore qu'une bourgade près de Paris, en bord de Seine, et surtout fréquentée par les amateurs de bateau qui naviguaient sur le plan d'eau du fleuve. Le nom de ce village est un peu devenu un symbole du plein épanouissement de l'impressionnisme, non seulement parce que Monet y trouva le motif de tant de paysages lumineux qui sont l'expression la plus accomplie du mouvement, mais aussi parce que presque tous les peintres liés à ce courant artistique vinrent y travailler à l'invitation de Monet. On pourrait citer Renoir, Sisley et même Pissarro qui vivait alors tout à côté à Pontoise, et surtout Manet qui, stimulé à son tour par l'exemple de son jeune ami, peignit là des tableaux de plein air très clairs autour du thème des canotiers.

*Les coquelicots* figurèrent certainement à la première exposition impressionniste en 1874 à Paris, boulevard des Capucines dans les anciens locaux du photographe Nadar, aux côtés de la fameuse *Impression, soleil levant* de Monet (Paris, Musée Marmottan) tableau dont le titre, repris par dérision par un critique malveillant, fut à l'origine du terme qui désigne le mouvement dans son ensemble. Simple réflexion d'un coloriste à propos du rouge des coquelicots dans un champ, cette toile de petit format — à l'opposé des grands formats des années soixante — et qui a conservé la fraicheur d'une esquisse, n'en révèle par moins un souci constant de rythme et d'équilibre : la répétition du groupe de la femme à l'ombrelle et de l'enfant (sans doute Camille, femme de l'artiste, et son fils Jean) suggère un mouvement tout en contenant vers la gauche la floraison joyeuse et comme frémissante.                                                                                    AD

# Claude MONET (1840–1926)

## *Le pont d'Argenteuil* 1874

Huile sur toile, 60 × 80

Legs Antonin Personnaz, 1937 (R.F. 1937–41)

Un des thèmes favoris de Monet à Argenteuil fut celui des voiliers qui évoluaient sur la Seine. Plusieurs scènes de régates sont exposées au Jeu de Paume mais ici les bateaux sont à l'amarre près du pont routier d'Argenteuil et l'artiste a porté toute son attention à la représentation de la surface irisée de l'eau et du paysage qu'elle reflète. La facture très précise malgré l'apparente liberté de la touche est tout à fait caractéristique de cette période. Toutes ces années passées à Argenteuil — Monet y résida jusqu'au début de l'année 1878 — correspondent à un moment d'équilibre où l'artiste, heureux, soutenu par son marchand Paul Durand-Ruel qui cherche sans relâche à accroître le cercle encore si restreint des premiers amateurs des Impressionnistes, peut explorer librement les possibilités d'une peinture claire fondée sur l'observation directe d'un motif en plein air.                                                    AD

# Claude MONET (1840–1926)

## *La gare Saint-Lazare* 1877

Huile sur toile, 75 × 104
Legs Gustave Caillebotte, 1894 (R.F. 2775)

Le terminus de la ligne d'Argenteuil était à Paris la gare Saint-Lazare et pour cette raison un lieu familier à Monet; ceci peut expliquer en partie l'attirance de l'artiste pour ce sujet «moderne» entrevu par Manet dès 1873 dans son tableau célèbre *Le chemin de fer* (Washington, National Gallery). Contrairement à Manet ou même à Gustave Caillebotte qui dès 1876 peint les passants sur *Le pont de l'Europe* (ce pont fait partie du complexe de la gare), Monet descend au niveau des voies de chemin de fer, pénètre sous la vaste marquise de fer et de verre de la gare; la figure humaine se perd dans les tourbillons de fumée blanche ou bleutée, teintée au gré de la lumière et en cela la série des *Gares Saint-Lazare* apparaît comme une première forme de la démarche systématique du peintre des *Cathédrales de Rouen*.

Ecrivant à propos de la troisième exposition impressionniste en 1877, Zola défendit avec chaleur le choix d'un sujet aussi peu orthodoxe : «Monet a exposé cette année des intérieurs de gare superbes. On y entend le grondement des trains qui s'engouffrent; on y voit des débordements de fumée qui roulent sous de vastes hangars. Là est aujourd'hui la peinture ... Nos artistes doivent trouver la poésie des gares, comme leurs pères ont trouvé celle des forêts et des fleuves.» Ces quelques lignes prennent toute leur importance lorsqu'on songe que quelques années plus tard le romancier naturaliste érige *La Bête humaine* (parue en 1889–90) en allégorie moderne. AD

# Claude MONET (1840–1926)

## *La rue Montorgueil. Fête du 30 juin 1878*

Huile sur toile, 80 × 50

Acquis en 1982 (R.F. 1982–71)

Monet, comme Manet lorsqu'il peignit *La rue Mosnier pavoisée* (Zurich, coll. Bührle), a été séduit par le thème des drapeaux multicolores agités par le vent, motif qui plus tard a souvent inspiré les Fauves. La plupart des peintres impressionnistes ont aimé représenter les rues de Paris et Monet offre ici un des premiers exemples de ces vues en perspective prises d'un point de vue élevé comme les aimeront aussi Pissarro ou Caillebotte. Dans *La rue Montorgueil*, la surface colorée extrêmement dense est animée d'un dynamisme intense par une multitude de petites touches serrées : observée de près elle paraît tout à fait abstraite et l'on en mesure l'extrême virtuosité tandis qu'avec un certain recul, l'ensemble devient clair et lisible, rendant immédiatement sensible le grouillement de la foule qui s'écoule dans la rue, les drapeaux qui bougent, escamotant presque la présence des constructions verticales qui bordent la rue. Un tableau très similaire appartient au Musée des Beaux-Arts de Rouen, mais il représente *La rue Saint-Denis* ce même jour du 30 juin 1878 où les Parisiens pavoisèrent à l'occasion de l'Exposition Universelle de 1878. En effet il ne s'agit pas d'une célébration du 14 juillet, jour commémoratif de la prise de la Bastille (comme cela a parfois été avancé par erreur) car cette date ne fut retenue comme jour de fête nationale que plus tard.          A D

# Claude MONET (1840–1926)

## *L'église de Vétheuil* 1879

Huile sur toile, 65 × 50

Donation Max et Rosy Kaganovitch, 1973 (R.F. 1973–18)

En septembre 1878, Monet annonçait à son ami Murer sa récente installation «aux bords de la Seine à Vétheuil, dans un endroit ravissant». Ce village, sis sur la rive droite de la Seine, bénéficie d'une situation privilégiée : placé sur une corniche, il domine la boucle décrite par le fleuve parsemé d'îles boisées. Un tel paysage ne pouvait que séduire le peintre en lui offrant des motifs différents de ceux d'Argenteuil, mais toujours aux environs de Paris.

Lors du premier hiver passé à Vétheuil, Monet représenta à plusieurs reprises le village sous la neige. Il choisissait souvent un point de vue reculé : l'artiste se déplaçait dans son bateau-atelier sur la Seine ou s'installait sur l'une des îles, ou encore traversait le fleuve pour prendre position sur la rive opposée. Les œuvres de Monet montrent les maisons aux toits enneigés groupées autour de l'église, une collégiale du XIIe siècle remaniée à la Renaissance. A l'arrière-plan apparaît le clocher carré qui domine l'ensemble de la composition ; ici, il s'impose car il est vu sous un angle assez rapproché et le format en hauteur de la toile accentue la verticale de cette architecture contrebalancée par l'horizontale du premier plan. Toutefois, cette peinture est surtout un «effet de neige» : pour figurer la berge enneigée ou le mouvement de l'eau, l'artiste a appliqué la technique de la fragmentation de la touche qu'il avait mise au point à Argenteuil. Le thème de la neige a souvent séduit Monet et les Impressionnistes, à la suite de Courbet, parce qu'il donnait lieu à une étude particulière de la lumière et des reflets (voir p. 142).

De ce paysage hivernal se dégage une impression de tristesse qui peut tout autant être attribuée à la saison qu'aux préoccupations morales et matérielles du peintre à cette période et qui caractérise la plupart des œuvres exécutées à Vétheuil, en particulier la série des *Débâcles* de l'hiver 1879–80.

SG-P

# Claude MONET (1840–1926)

## *Femme à l'ombrelle tournée vers la gauche* 1886

Huile sur toile, 131 × 88

Don Michel Monet, fils de l'artiste, 1927 (R.F. 2621)

En août 1887, Monet écrivait depuis Giverny au critique Duret : « ... Je travaille comme jamais, et à des tentatives nouvelles, des figures en plein air comme je les comprends, faites comme des paysages. C'est un rêve ancien qui me tracasse toujours et que je voudrais une fois réaliser ; mais c'est si difficile ! ... »

L'artiste avait abandonné pendant une assez longue période la représentation de personnages à laquelle il s'était essayé au début de sa carrière (voir p. 88) et à l'époque d'Argenteuil. Soudain, dans les années 1885, et pour la dernière fois, Monet étudia à nouveau l'insertion de la figure humaine dans le paysage ; il traita alors ce thème en paysagiste et en Impressionniste, s'intéressant surtout à l'enveloppe lumineuse qui entoure les personnages. Ses modèles favoris étaient les filles d'Alice Hoschedé, sa compagne, qui allait devenir sa seconde épouse.

Ainsi Suzanne Hoschedé, âgée de dix-huit ans, serait la *Femme à l'ombrelle* : elle fut saisie par le pinceau de l'artiste alors qu'elle se promenait à Giverny au cours de l'été 1886. Sur les deux pendants donnés par le fils de Monet au Musée du Louvre, le peintre a transposé le caractère instantané de la vision qui s'imposa à ses yeux et qui lui évoqua peut-être le souvenir de sa première épouse disparue : en 1875, il avait représenté Camille dans une attitude similaire, marchant sur la falaise et se détachant en plein ciel. Ici, Monet s'est laissé prendre par l'impression ressentie à tel point qu'il a à peine esquissé les traits du visage, allant jusqu'à dépersonnaliser son modèle. Les deux toiles furent exposées chez Durand-Ruel en 1891 sous le titre significatif d'«Essai de figure en plein air». Monet s'est attaché à rendre les jeux d'ombre et de lumière obtenus grâce à l'ombrelle. Le mouvement de la robe et de l'herbe révèle le souffle du vent ; à la marche du personnage répond celle des nuages à l'arrière-plan.

SG-P

# Claude MONET (1840–1926)

## *La cathédrale de Rouen, le portail, temps gris*

Daté *94*; peint en 1892

Huile sur toile, 100 × 65

Legs du comte Isaac de Camondo, 1911 (R.F. 1999)

## *La cathédrale de Rouen, le portail et la tour Saint-Romain, plein soleil, harmonie bleue et or*

Daté *94*; peint en 1893

Huile sur toile, 107 × 73

Legs du comte Isaac de Camondo, 1911 (R.F. 2002)

Au cours des années 1890, se produisit dans l'art de Monet une orientation décisive, pressentie lors des périodes précédentes : le peintre n'étudia plus que très rarement des compositions isolées; il entreprit plusieurs «séries» autour de sa maison à Giverny (les *Champs d'avoine*, les *Meules*, les *Peupliers*) dans lesquelles il analysait les variations d'éclairage au fil des heures et des saisons.

Le procédé des œuvres exécutées en «séries» d'après le même motif devint véritablement systématique pour Monet lorsqu'il planta son chevalet devant la façade occidentale de la cathédrale de Rouen; bien que les *Cathédrales* de Monet portent la date de 1894, elles ont toutes été peintes au cours de deux campagnes en 1892 et 1893 (chaque fois de février à la mi-avril), à partir de trois emplacements légèrement différents, puis elles furent terminées en atelier à Giverny.

Les nombreuses lettres de l'artiste à son épouse révèlent sa méthode de travail et l'acharnement dont il fit preuve en traitant ce sujet durant ses deux séjours rouennais. En avril 1892, Monet écrivait à Alice : « ... chaque jour j'ajoute et surprends quelque chose que je n'avais pas encore su voir. Quelle difficulté, mais ça marche, et quelques jours encore de ce beau soleil, et bon nombre de mes toiles seront sauvées. Je suis rompu, je n'en peux plus, et ... j'ai eu une nuit remplie de cauchemars : la cathédrale me tombait dessus, elle semblait bleue ou rose ou jaune».

Cette série est la plus importante de toutes par le nombre puisqu'elle comprend une trentaine de versions où le motif toujours identique est montré sous le même angle de vue, à l'encontre des *Meules*; elle offre la démonstration la plus spectaculaire de la volonté éprouvée par Monet de

*Suite page 106*

*Suite de la page 104*

*traduire l'*«instantanéité». La multiplication des études correspondait à la sensibilité toujours plus vive du peintre aux variations atmosphériques (par différents temps) et aux changements d'éclairage tout au long de la journée : l'artiste suivait avec attention les jeux successifs d'ombre et de lumière sur la façade de la cathédrale. L'architecture n'a pas été étudiée pour elle-même, mais plutôt comme un support aux recherches picturales de Monet qui voulait rendre perceptible la modification des formes sous l'emprise de l'évolution incessante de l'éclairage. Même un motif d'un caractère aussi solide et permanent que l'est un monument est soumis à ces transformations : «Tout change, quoique pierre ... », notait l'artiste lui-même en 1893. Et pour suggérer la matière du sujet traité, le peintre utilisa une facture curieuse, rugueuse, accrochant la lumière et traduisant les vibrations solaires.

Après avoir à plusieurs reprises différé d'exposer les *Cathédrales*, Monet en présenta vingt versions à une exposition que Durand-Ruel consacra à ses œuvres récentes en mai 1895. L'importance et l'originalité de la démarche artistique de Monet n'échappèrent pas aux peintres et écrivains contemporains ; parmi les éloges parus dans la presse, celui auquel l'artiste se montra le plus sensible fut le long article que publia Clemenceau dans *La Justice* du 20 mai 1895 sous le titre «Révolution de Cathédrales» : « ... Avec vingt toiles, d'effets divers justement choisis, le peintre nous a donné le sentiment qu'il aurait pu, qu'il aurait dû en faire cinquante, cent, mille, autant qu'il y aurait de secondes dans sa vie, si sa vie durait autant que le monument de pierre ... ».

De même que Pissarro dans sa correspondance avec son fils, Clemenceau soulignait la «leçon» et l'unité qui se dégageaient de l'ensemble, et tous deux regrettaient la dispersion prochaine de cette série. La confrontation des cinq versions dans des harmonies différentes conservées au Musée du Jeu de Paume (l'une acquise par l'Etat auprès de Monet en 1907 et quatre provenant de la collection Camondo) permet d'imaginer la vision que pouvait offrir l'exposition de 1895 où elles figuraient parmi d'autres.                                                                                                  SG-P

# Claude MONET (1840–1926)

## *Nymphéas bleus*

Huile sur toile, 200 × 200
Acquis en 1981 (R.F. 1981–40)

En 1893, Monet faisait entreprendre l'aménagement du célèbre bassin aux nymphéas à Giverny. L'originalité de ce «jardin d'eau», qui révélait toutefois l'influence des estampes japonaises, provenait du fait qu'il était entièrement dû à la volonté de l'artiste; il avait été conçu comme un tableau, ainsi que Proust le souligna au début de notre siècle.

Dès 1895, Monet le représenta dans son œuvre, mais ce fut seulement en 1898 qu'il lui consacra plusieurs peintures. A partir de 1904, le paysage environnant le bassin et le motif du pont japonais disparurent progressivement de la toile pour finir par être totalement supprimés au profit du plan d'eau qui occupait alors toute la surface; il constitua le sujet principal des recherches du peintre au cours des vingt dernières années de son existence. Monet lui-même l'écrivait à son ami Geffroy en 1908 : « ... je suis absorbé par le travail. Ces paysages d'eau et de reflets sont devenus une obsession. C'est au-delà de mes forces de vieillard, et je veux cependant arriver à rendre ce que je ressens».

L'artiste jouait des contrastes offerts par les nénuphars et l'étang, par les feuilles et les fleurs, et enfin par les zones absorbant la lumière et celles qui la renvoyaient. Pour suggérer l'illusion d'une étendue illimitée, les nymphéas sont souvent interrompus par le bord de la toile. Cette composition forme un carré parfait, un format que Monet adopta fréquemment à cette époque. La coloration violette très intense a parfois été attribuée à une certaine altération de la vision du peintre qui était alors affecté d'une maladie oculaire.

Cette étude trouva son aboutissement dans les huit grandes compositions données par Monet à l'Etat en 1922 et placées à l'Orangerie des Tuileries en 1927. Avec les *Nymphéas*, Monet, après avoir été le chef de file des Impressionnistes, devenait un artiste du XXᵉ siècle, un précurseur de l'art abstrait : ses «paysages d'eau» n'ont depuis lors cessé de susciter l'admiration des peintres, des écrivains et des musiciens.                                          SG-P

# Berthe MORISOT (1841–1895)

## *Le berceau* 1872

Huile sur toile, 56 × 46
Acquis en 1930 (R.F. 2849)

Berthe Morisot, fille d'un haut fonctionnaire, commença très jeune à prendre des leçons de dessin et travaillait en plein air sous la direction de Corot dès 1861. Ses parents recevaient volontiers ses amis peintres, Degas, Stevens ou Fantin-Latour, grâce à qui elle fit la connaissance de Manet, en 1868, au Louvre où elle copiait Rubens. Elle reçut de lui des conseils et posa pour plusieurs remarquables portraits, apparaissant assise dans *Le balcon* du Salon de 1869. Par la suite, elle épousa, en 1874, Eugène Manet, le frère du peintre. Malgré ces liens, elle ne suivit pas Manet dans son refus de participer aux expositions indépendantes organisées par Renoir, Monet et leurs amis ; elle cessa d'exposer au Salon et apparut, de 1874 à 1886, à sept des huit manifestations impressionnistes, empêchée seulement en 1879 par la naissance de sa fille Julie.

En 1874, seule femme à exposer avec le groupe chez Nadar, elle envoie neuf œuvres, peintures, pastels et aquarelles et le premier numéro en est précisément *Le berceau*, miraculeuse réussite de charme et de fraicheur. Le modèle en est sa sœur Edma, devenue Madame Pontillon, — qui avait étudié la peinture en même temps que Berthe et exposé au Salon de 1864 à 1868 — et son nouveau-né, Blanche, sa seconde fille que l'on reconnaît aussi en bébé blond, avec son aînée, la brune Jeanne, dans *La chasse aux papillons*, de la donation Moreau-Nélaton (Jeu de Paume), peinte en 1874 à Maurecourt où Berthe leur rendait souvent visite. Son ambition, comme elle devait le noter un peu plus tard dans son carnet gris, « se borne à vouloir fixer quelque chose de ce qui passe », mais elle sait le faire avec une sorte de classicisme, une légèreté dans l'exécution qui valurent à ses paysages comme à ses portraits intimistes d'avoir grâce aux yeux des critiques. GL

# Camille PISSARRO (1830–1903)

## *Entrée du village de Voisins* 1872

Huile sur toile, 46 × 55

Donation Ernest May sous réserve d'usufruit, 1923 ; entrée au Louvre en 1926 (R.F. 2436)

Camille Pissarro était né à Saint-Thomas aux Antilles, alors colonie danoise, et pourtant c'est essentiellement en France, pays d'origine de ses parents et où il s'installa définitivement en 1855, que se déroula sa carrière. Dès avant 1870, notamment dans de grands paysages exposés au Salon où ils furent remarqués par Zola, Pissarro, en pleine possession de ses moyens d'expression, avait conçu quelques-uns de ses chefs-d'œuvre. Les toiles austères et fortement charpentées de cette époque sont sûrement de celles qui influencèrent à ses débuts Paul Cézanne, le plus ancien et fidèle camarade de Pissarro. En 1870, l'exil à Londres où Pissarro fut contraint de se réfugier à cause de la guerre franco-prussienne, occasion d'un rapprochement plus étroit avec Claude Monet, marque l'évolution de Pissarro vers une technique plus souple et une palette plus colorée. A son retour, préférant la campagne à Paris, Pissarro, après avoir habité Louveciennes, se fixa en 1872 à Pontoise où il demeura jusqu'en 1882 et presque toutes les toiles de cette époque ont pour motif des paysages de l'Ile-de-France.

L'*Entrée du village de Voisins*, une œuvre particulièrement lumineuse, résume bien l'art de Pissarro à cette époque ; le thème de la route bordée d'arbres dépouillés, dans une campagne très «habitée», est l'un de ceux que Pissarro a souvent repris. La structure fortement marquée de la composition est aussi une des constantes de l'artiste. Le donateur de l'œuvre, Ernest May, l'un des premiers collectionneurs des Impressionnistes, choisit de l'unir en un même cadre, sous forme de triptyque impressionniste à deux paysages, l'un de Monet — des voiliers à Argenteuil — l'autre de Sisley, mettant ainsi en valeur la personnalité propre à chaque artiste, tout en soulignant la similitude de leurs recherches picturales. AD

# Camille PISSARRO (1830–1903)

## *Coteau de l'Hermitage, Pontoise* 1873

Huile sur toile, 61 × 73
Acquis par dation, 1983 (R.F. 1983–8)

La topographie très accidentée de Pontoise, construite sur une rive escarpée de l'Oise, se prêtait à des compositions insolites et constitua un sujet quasi inépuisable pour Pissarro. Il aimait particulière-ment le mélange constant de la campagne et de la ville que l'on perçoit encore parfois de nos jours à Pontoise. Dans cette composition aux touches fragmentées et aux tons très rompus de bleu, de vert, de gris et de beige, l'artiste a joué sur l'opposition des lignes sinueuses de la colline et des arbres aux profils rectilignes des constructions. Le traitement étonnant des parcelles cultivées accentue encore le caractère bizarre de l'espace ainsi figuré. Chose habituelle pour l'artiste, Pissarro a repris le même motif mais par temps de neige. Ce détail le rapproche de Monet qui aimait également poursuivre des effets de lumière variée sur des paysages familiers. Toutefois lorsqu'on évoque cette période de Pontoise, il faut surtout rappeler que Paul Cézanne, résidant tantôt à Pontoise, tantôt dans le village tout proche d'Auvers-sur-Oise, vint souvent travailler aux côtés de son ami et que de ces contacts constants résulta une influence réciproque. AD

# Camille PISSARRO (1830–1903)

## *Portrait de l'artiste* 1873

Huile sur toile, 56 × 46

Don Paul-Emile Pissarro sous réserve d'usufruit, 1930 ; entré au Jeu de Paume en 1947 (R.F. 2837)

En 1883, Camille Pissarro écrivait à son fils Lucien : «Rappelle-toi que je suis de tempérament rustique, mélancolique, d'aspect grossier et sauvage ; ce n'est qu'à la longue que je puis plaire, s'il y a dans celui qui me regarde un grain d'indulgence ; mais pour le passant le coup d'œil est trop prompt, il ne perçoit que la surface, n'ayant pas le temps, il passe ! ... La peinture, l'art en général m'enchante. C'est ma vie. Que me fait le reste ! ... N'est-ce pas là tout ce que doit désirer l'artiste ? Ouf ! en voilà une tirade. » Cette profession de foi chaleureuse s'accorde parfaitement avec la simplicité extrême de l'autoportrait de l'artiste où le visage seul se détache sur un fond indistinct de tableaux difficiles à identifier, accrochés serrés sur un papier peint orné de motifs comme on en voit dans les natures mortes de Pissarro ou de Cézanne. C'est le seul autoportrait daté de la maturité de l'artiste car Pissarro ne s'est représenté à nouveau qu'à l'extrême fin de sa vie. Souvent comparé à Moïse, au Père Eternel, par ses contemporains, Pissarro fit très tôt figure de patriarche par son physique et son humeur paisible et bienveillante ce qui ne l'empêchait pas de faire preuve d'énergie combattante lorsqu'il fallut en 1874 organiser la première exposition du groupe ou plus tard apporter son soutien au courant anarchiste, essentiellement en collaborant par ses dessins à l'illustration des journaux du mouvement.                                                                    AD

# Camille PISSARRO (1830–1903)

## *Jeune fille à la baguette* 1881

Huile sur toile, 81 × 64

Legs du comte Isaac de Camondo, 1911 (R.F. 2103)

Pour Pissarro, comme pour les autres membres du groupe impressionniste, le début des années quatre-vingt est une période sinon de crise du moins de réflexion sur le chemin parcouru. La *Jeune fille à la baguette* compte parmi les premiers tableaux où Pissarro ait accordé une importance aussi grande à la figure humaine — à l'exception de quelques portraits de sa famille, de lui-même ou d'amis intimes comme Cézanne — et où le paysage n'apparaît que comme une sorte de «verdure» à la manière des tapisseries anciennes servant de fond à la figure. Cette œuvre n'est pas isolée et peut être regroupée avec une série de peintures de 1881 et 1882 qui ont pour sujet de jeunes paysannes au repos. Le choix de ce thème qui reflète l'intérêt de Pissarro pour les paysans et leur condition dans la société contemporaine fait écho aux sujets modernes de son ami Degas qui aimait décrire le travail des ouvrières ou le métier des danseuses, plus qu'à ceux de Millet auquel on a souvent voulu comparer Pissarro.

La technique procédant par petites touches rugueuses de couleurs d'une intensité parfois surprenante, souligne la sobriété et la rigueur du dessin. Ces figures, souvent mélancoliques, situées dans un espace très abstrait malgré les références à la végétation qui semble les porter, inspirèrent particulièrement Gauguin qui n'était alors qu'un débutant. En effet, c'est sous l'égide de Pissarro que Gauguin avait peint ses premières œuvres, puis exposé avec les Impressionnistes.  AD

# Camille PISSARRO (1830–1903)

## *Femme dans un clos, soleil de printemps dans le pré à Eragny* 1887

Huile sur toile, 54 × 65

Legs Antonin Personnaz, 1937 (R.F. 1937–47)

En 1884 Pissarro quittant la région de Pontoise, tout en restant aux environs immédiats, s'installa définitivement à Eragny-sur-Epte dont il fit sa résidence principale jusqu'à sa mort et c'est donc à Eragny que fut peinte la *Femme dans un clos*, exemple tout à fait révélateur du bref intermède divisionniste de l'artiste entre 1886 et 1890. En 1885 Camille Pissarro avait fait la connaissance de deux jeunes peintres, Signac et Seurat; leur théorie fondée sur des recherches scientifiques récentes tendait, comme l'expliquait Pissarro à son marchand Durand-Ruel, à substituer le mélange optique à partir de petits points ou touches de couleur pure juxtaposés sur la toile, et correspondant à la décomposition des tons en leurs éléments constitutifs, au mélange préalable des pigments sur la palette «parce que le mélange optique suscite des luminosités beaucoup plus intenses que le mélange des pigments». Pissarro appliqua ces principes et en 1886, à l'étonnement de ses anciens camarades et amateurs, il exposa en compagnie de Seurat, Signac et de son fils Lucien également peintre à la huitième et dernière exposition du groupe impressionniste des toiles «au point». *Femme dans un clos* offre déjà en 1887 un exemple d'interprétation de la stricte théorie pointilliste et dès 1889 Pissarro revenait à une manière proche de ses toiles anciennes.                                                    AD

# Camille PISSARRO (1830–1903)

## *Le port de Rouen, Saint-Sever* 1896

Huile sur toile, 65 × 92

Legs Eduardo Mollard, 1972 (R.F. 1972–31)

Le premier séjour prolongé de Pissarro à Rouen date de 1883. Il y retourna à deux reprises en 1896, peignant, notamment depuis la fenêtre de chambres d'hôtel dominant les quais, l'extraordinaire animation du port et des ponts qui enjambent la Seine. En 1896, année où fut peint *Le port de Rouen, Saint-Sever*, Pissarro évoquant ce motif écrivait à son fils : «C'est beau comme Venise, mon cher, c'est d'un caractère extraordinaire et vraiment c'est beau! C'est de l'art et vu par mes propres sensations.» Les nouveaux quartiers industriels — comme celui de Saint-Sever — l'attiraient autant que l'aspect historique de la ville célèbre par sa cathédrale et ses ruelles aux constructions gothiques ou renaissance. Pissarro hésita d'ailleurs à exposer les œuvres qu'il avait peintes à Rouen tant il craignait, éternellement modeste, la comparaison avec la série brillante des *Cathédrales* de Monet exposées en 1895.                                                    A D

# Pierre-Auguste RENOIR (1841–1919)

## *La liseuse* vers 1874–76

Huile sur toile, 46 × 38
Legs Gustave Caillebotte, 1894 (R.F. 3757)

Pierre-Auguste Renoir, né à Limoges mais venu très jeune à Paris avec sa famille — son père était un modeste tailleur — avait été reçu à l'Ecole des Beaux-Arts en 1862 ; il s'inscrivit pourtant à l'atelier Gleyre à la réputation plus libérale, où il rencontra Sisley, Bazille et Claude Monet. A partir de 1864 il exposa presque chaque année au Salon sans connaître de réel succès et en 1874 participa à la première exposition impressionniste.

Fortement influencé par Courbet avec des souvenirs de Delacroix au cours des années soixante, Renoir s'était pourtant créé très vite une technique sans doute inspirée par celle de Monet et de Manet, mais déjà fortement individualisée, souple et fluide. Renoir fut avant tout un peintre de figures et a particulièrement aimé représenter, dans un format modeste, des visages féminins dans la lumière intime d'un intérieur. Liseuses, couseuses, brodeuses sont des thèmes traditionnels que Renoir peignit tout au long de sa carrière. Le modèle de cette *Liseuse* est inconnue mais on croit la reconnaître dans d'autres œuvres de l'artiste. Bien que l'on manque d'éléments précis pour dater cette peinture, une comparaison avec le *Moulin de la Galette* (voir p. 126) aux tons plus bleutés et d'une technique légèrement différente conduit à proposer une date approximative, vers 1874–76.

AD

# Pierre-Auguste RENOIR (1841–1919)

## *Le Moulin de la Galette* 1876

Huile sur toile, 131 × 175

Legs Gustave Caillebotte, 1894 (R.F. 2739)

En 1876, date à laquelle fut peint ce tableau, Montmartre n'était encore qu'un faubourg de Paris où subsistaient, parmi les jardins et les terrains vagues, plusieurs moulins ; l'un d'eux avait donné son nom à un café de plein air, le Moulin de la Galette, où l'on dansait le dimanche. Renoir avait déjà peint, à la fin des années soixante la foule populaire et colorée qui hantait les guinguettes en bords de Seine à Chatou ; le *Bal du Moulin de la Galette* (titre sous lequel ce tableau fut exposé à la troisième exposition du groupe impressionniste en 1877) reprend en quelque sorte un sujet voisin, prétexte à représenter des figures en plein air, un thème dominant de la peinture impressionniste.

On connaît au moins deux esquisses d'ensemble pour le tableau, l'une très sommaire au musée d'Ordrupgaard à Copenhague, l'autre de plus grandes dimensions beaucoup plus achevée (et même datée de 1876, ce qui a pu laissé croire qu'il s'agissait en fait d'une réplique du tableau du Jeu de Paume) qui faisait partie de la collection John Hay Whitney de New York. Pour les figures, Renoir avait fait poser ses amis ; plusieurs sont identifiés : au premier plan, Estelle, assise sur un banc, à côté d'elle Franc-Lamy, le peintre Norbert Goeneutte et le futur biographe de Renoir, Georges Rivière, sont réunis autour d'une table chargée de verres. Parmi les danseurs figurent d'autres peintres dont le jeune Gervex, futur membre de l'Institut. En dépit de certains témoignages, il n'est pas tout à fait sûr que Renoir ait peint cette grande toile entièrement sur le motif et il est vraisemblable qu'elle fut reprise et unifiée dans l'atelier à partir d'études prises sur le vif. Malgré de vives réserves, les critiques contemporains perçurent les intentions de l'artiste et son désir de rendre l'effet de lumière filtrant à travers des feuillages et jouant sur des figures elles-mêmes en mouvement. Entrée dans les collections nationales avec le legs du peintre Gustave Caillebotte à une époque où la polémique à propos des Impressionnistes n'était pas encore éteinte, cette toile devint vite célèbre et inspira Picasso et Dufy.                                                                                     AD

# Pierre-Auguste RENOIR (1841–1919)

## *Chemin montant dans les hautes herbes* vers 1875

Huile sur toile, 60 × 74

Don Charles Comiot par l'intermédiaire de la Société des Amis du Louvre, 1926 (R.F. 2581)

On insiste toujours sur Renoir peintre de figures et pourtant, tout au long de sa carrière, l'artiste n'a cessé de s'intéresser au paysage. Ses premiers paysages furent peints en forêt de Fontainebleau — Renoir fut d'ailleurs fortement influencé à ses débuts par Diaz — aux côtés de ses amis de l'atelier Gleyre ; les derniers évoquent la propriété de l'artiste, Les Collettes à Cagnes-sur-Mer près de Nice ; entre temps d'innombrables motifs en France, dans la région parisienne, en Bretagne, en Champagne (notamment à Essoyes, près de Troyes, d'où sa femme était originaire), en Provence ou dans les Pyrénées et à l'étranger, à Venise, à Naples et en Afrique du Nord, arrêtèrent l'attention du peintre.

Bien que le *Chemin montant dans les hautes herbes* ne soit pas situé avec précision, il y a tout lieu de croire qu'il s'agit d'une vue des environs de Paris qui rappelle en bien des points *Les coquelicots* de Monet (voir p. 92) ; la comparaison de ces deux œuvres à peu près contemporaines est d'ailleurs très révélatrice du style respectif des deux artistes ; Monet apparaît plus audacieux, plus structuré, tandis que Renoir joue avec charme de l'inachevé, opposant une facture qu'on pourrait dire soyeuse à des zones aux touches assez fortement empâtées. A D

# Pierre-Auguste RENOIR (1841–1919)

## *La danse à la ville* 1883

Huile sur toile, 180 × 90
Acquis par dation, 1978 (R.F. 1978–13)

Célèbres depuis qu'elles furent exposées ensemble chez Durand-Ruel à la première exposition particulière de Renoir en avril 1883 («exposition superbe, grand succès artistique bien entendu, car ici il ne faut pas compter sur autre chose» remarquait Pissarro à l'époque), *La danse à la ville* et *La danse à la campagne* marquent une étape capitale dans l'œuvre de Renoir. Conçus comme pendants, ces deux tableaux s'inscrivent dans la lignée du portrait de *Sisley et sa femme dansant* de 1868 (Cologne, Wallraf-Richartz Museum) ou du *Moulin de la Galette* (voir p. 126); par leur style, ils expriment l'évolution du peintre au début des années quatre-vingt : le dessin plus précis, la simplification des formes et de la palette tranchent avec les touches vibrantes des toiles antérieures. De l'aveu même de Renoir, cette attention pour le dessin correspondait à un besoin de renouvellement (encouragé par un récent voyage en Italie qui permet à l'artiste d'apprécier Raphaël), qui culmine en 1887 avec l'achèvement de ses *Grandes baigneuses* (Philadelphie, Museum of Art).

# La danse à la campagne 1883

Huile sur toile, 180 × 90
Acquis en 1979 (R.F. 1979-64)

L'identité des modèles a été longuement débattue, mais il semble que Paul Lhôte, un ami de Renoir, ait posé pour le danseur, tandis que la jeune femme de *La danse à la ville* serait Suzanne Valadon (peintre elle-même et mère d'Utrillo) ; Aline, la femme de l'artiste, serait le modèle de *La danse à la campagne*.

Le grand tableau du Museum of Fine Arts à Boston intitulé *Le bal à Bougival*, daté également de 1883, est à rapprocher de la composition de *La danse à la campagne* inversée.                                          AD

# Pierre-Auguste RENOIR (1841–1919)

## *Jeunes filles au piano* 1892

Huile sur toile, 116 × 90
Acquis en 1892 (R.F. 755)

Attentif à la ligne et au dessin au cours des années quatre-vingt en même temps qu'il adoptait une palette inattendue de tons froids mais extrêmement vifs, Renoir revient avec les *Jeunes filles au piano* de 1892 à une conception plus souple. Toutefois cette œuvre aux tons acidulés témoigne du souci d'équilibre dans la composition et de précision dans le modelé — les mains de la jeune pianiste par exemple — qui est bien éloignée du *Moulin de la Galette* (voir p. 126).

Renoir, qui adorait la musique, a plusieurs fois représenté des jeunes filles au piano; certaines compositions sur ce thème sont d'ailleurs des portraits alors qu'on ne sait qui a posé pour le tableau du Jeu de Paume et les autres versions de cette composition que l'on connaît par ailleurs (celle de la collection Lehman au Metropolitan Museum de New York, une autre dans la collection Niarchos, une troisième qui appartint à Gustave Caillebotte et une version très esquissée dans la collection Walter-Guillaume). Les *Jeunes filles au piano*, quintessence des types favoris de l'artiste en harmonie parfaite avec l'intérieur bourgeois feutré qui leur sert en quelque sorte d'écrin, résument admirablement une des étapes de l'évolution de Renoir.                                                    AD

# Pierre-Auguste RENOIR (1841–1919)

## *Les baigneuses* 1918

Huile sur toile, 110 × 160

Don des fils de l'artiste, 1923 (R.F. 2795)

Après 1900, vivant la plupart du temps dans sa propriété des Collettes à Cagnes-sur-Mer près de Nice, Renoir, perclus de rhumatismes qui le confinent à son fauteuil roulant, ne cesse pourtant de peindre avec acharnement. Jouant de son pinceau, Renoir a multiplié à cette époque les pochades où en quelques touches s'esquissent le profil d'un modèle, la silhouette d'un arbre ou la rondeur d'une pomme : cette production intime et négligée dont s'est emparé depuis un certain commerce d'art a fini par faire oublier les quelques grandes compositions, chefs-d'œuvre de cette dernière période qui est aussi la plus mal comprise du public.

Le nu féminin avait été depuis les débuts de l'artiste un thème de prédilection ; à la fin de la carrière de l'artiste ce sujet prend une importance nouvelle ; la dominante brun-rouge ou rosé, relevée de jaune, de vert ou de bleu très vifs se retrouve autant dans les œuvres décrivant un intérieur que, comme ici, en cette évocation lyrique de la nature méridionale à laquelle l'artiste vieillissant s'était profondément attaché. Ces *Baigneuses* rappellent immédiatement les grands nus de Rubens qui auraient été transportés dans la luxuriance des jardins du Midi. Cette référence à la tradition classique ne peut atténuer l'audace de la conception de cette œuvre qui apparaît comme le testament artistique de Renoir.                                                                                    AD

# Alfred SISLEY (1839–1899)

## *Le chemin de la Machine à Louveciennes,* dit aussi *La route, vue du chemin de Sèvres* 1873

Huile sur toile, 54 × 73

Donation Joanny Peytel sous réserve d'usufruit, 1914; abandon de l'usufruit, 1918 (R.F. 2079)

Ce que Sisley recherchait dans ses paysages, c'était une certaine organisation de l'espace : son sens de la construction, qu'il avait probablement hérité de Corot, l'amenait à respecter l'étagement des différents plans. Aussi la route se perdant à l'horizon constitua-t-elle l'un des thèmes privilégiés du peintre, sans cesse récurrent dans son œuvre. Souvent, c'est elle qui relie le premier plan au lointain et qui contribue à «trouer» l'espace, d'où des effets de perspective très réussis.

Cette illusion de la troisième dimension est particulièrement spectaculaire lorsque la route s'en va perpendiculairement à la surface du tableau : afin d'accentuer l'impression de profondeur, l'artiste a alors osé des raccourcis audacieux, ainsi pour représenter les arbres qui scandent *Le chemin de la Machine à Louveciennes.* Un jeu de lignes s'établit grâce aux verticales des fûts reprises par les horizontales de leurs ombres. Sisley a souvent pris soin d'humaniser ses paysages en y introduisant quelques petites figures à la manière de Jongkind. Enfin, il a judicieusement utilisé la montée que le chemin connaît à cet endroit pour créer un point de fuite légèrement décentré et obtenir une vue plongeante sur l'arrière-plan ensoleillé.

Sisley avait longuement regardé les œuvres de Corot et des peintres de Barbizon ainsi que les toiles des maîtres du paysage hollandais au XVIIᵉ siècle : sans doute l'artiste avait-il découvert, lors de son séjour de jeunesse à Londres, la célèbre *Allée de Middleharnis* peinte par Hobbema. A l'exemple de Ruysdael qui accordait une place prépondérante au ciel, Sisley lui a ici réservé une importance considérable.

Sans jamais réussir à obtenir la nationalité de son pays d'adoption, Sisley a su merveilleusement rendre la luminosité de la campagne d'Ile-de-France. Cette œuvre méritait d'être l'une de celles qui évoquaient l'artiste à la Centennale de l'Art Français à l'occasion de l'Exposition Universelle de 1900. 

SG-P

# Alfred SISLEY (1839–1899)

## *Le brouillard, Voisins* 1874

Huile sur toile, 50 × 65
Legs Antonin Personnaz, 1937 (R.F. 1937–64)

Depuis 1871, Sisley résidait à Voisins. Pissarro avait, dès 1872, représenté l'*Entrée du village de Voisins* (insérée dans le triptyque May, voir p. 112) ; à son tour, Sisley eut à cœur de laisser quelques vues de ce petit village de l'ancienne Seine-et-Oise proche de Louveciennes.

Ce serait probablement à Voisins que son pinceau aurait saisi un effet de brouillard où se devinent un groupe d'arbres à gauche et à l'arrière-plan une palissade qui clôt un jardin : au pied d'un arbre aux branches tordues, une femme courbée est occupée à cueillir des fleurs. Au premier plan, s'imposent d'ailleurs de gros buissons fleuris qui peuvent laisser supposer que cette scène se situe à la saison du printemps. «Tout cela est vu à travers un brouillard argenté qui estompe les formes et donne à l'ensemble une tonalité gris bleu», ce qui permet d'«évoquer peut-être ici le mystère des «matinées» de Corot» (selon G. Bazin).

«Quels sont les peintres que j'aime? Pour ne parler que des contemporains : Delacroix, Corot, Millet, Rousseau, Courbet, nos maîtres. Tous ceux qui ont aimé la nature et qui ont senti fortement», confiait Sisley en 1892 au critique d'art Adolphe Tavernier. L'artiste se rattachait donc lui-même aux grands noms de l'école française du XIXe siècle : il s'inscrivait dans la lignée des paysagistes de Barbizon qui avaient abandonné les principes traditionnels et classiques du paysage historique composé et l'aspect pittoresque du paysage romantique pour leur préférer une vision plus proche de la nature. Ce refus des conventions académiques est sensible dans cette œuvre comparable aux «impressions» de Monet et bien éloignée des compositions appréciées par le Salon; Sisley avait toutefois figuré à cette manifestation de l'art officiel en 1866, 1868 et 1870, mais cette toile est datée de 1874, l'année même de la première exposition impressionniste chez Nadar à laquelle participa le peintre avec cinq tableaux. SG-P

# Alfred SISLEY (1839–1899)

## *L'inondation à Port-Marly* 1876

Huile sur toile, 60 × 81

Legs du comte Isaac de Camondo, 1911 (R.F. 2020)

Parmi les œuvres exécutées par Sisley au cours de son séjour à Marly-le-Roi (1874–77), les plus célèbres sont probablement celles qui immortalisèrent, à l'occasion d'une crue des eaux, le village tout proche situé en bordure de Seine : Port-Marly.

Dès 1872, l'artiste s'était intéressé à ce thème, mais ce fut surtout en 1876 qu'il lui donna toute son ampleur dans un ensemble de six peintures dont la version la plus connue est la grande *Inondation à Port-Marly* léguée par le comte de Camondo au Musée du Louvre. Les couleurs qui dominent sont les teintes gris-bleues du ciel reflétées par l'eau et interrompues par les tonalités plus vives de la maison peinte selon trois registres horizontaux qui introduisent, avec la note rouge de l'enseigne, un élément de gaieté dans la composition ; les rideaux aux fenêtres rappellent que l'endroit était habituellement habité et de petites silhouettes noires, que le peintre semble avoir empruntées à Jongkind, animent cette scène dont la sérénité s'oppose aux drames de la nature chers aux romantiques.

Une autre toile provenant aussi de l'ancienne collection Camondo, *La barque pendant l'inondation*, d'un format plus modeste et pour laquelle l'artiste avait adopté un point de vue légèrement différent, pourrait être une «première pensée de la composition définitive» (P. Jamot).

En 1880, Monet représenta la débâcle de la Seine à Vétheuil dans une «série» d'œuvres spectaculaires d'un caractère dramatique plus affirmé ; si l'attention des deux peintres était retenue par cet événement insolite et éphémère qui leur offrait une étude privilégiée de la lumière et de ses reflets sur le fleuve ainsi qu'une certaine fusion entre arbres, ciel et eau, et si Sisley subissait alors l'influence de Monet, il se distinguait de son ami par sa volonté de construction qui lui faisait respecter la structure des formes.

Lors de la vente de la collection du critique Tavernier en 1900, et une année s'étant à peine écoulée depuis la mort de Sisley, cette peinture fut la première œuvre de l'artiste à susciter des enchères élevées.

SG-P

# Alfred SISLEY (1839–1899)

## *La neige à Louveciennes* 1878

Huile sur toile, 61 × 50

Legs du comte Isaac de Camondo, 1911 (R.F. 2022)

La campagne hivernale attira particulièrement Sisley dont le tempérament réservé et solitaire préférait le mystère et le silence à l'éclat des paysages ensoleillés et méditerranéens d'un Renoir. Il excella à rendre la tristesse et le caractère désolé de la nature. Comme Monet à la même époque (voir p. 100), Sisley suivait l'exemple de Courbet en peignant des paysages enneigés. Si ce thème a si souvent séduit les Impressionnistes, c'était parce qu'il leur permettait d'étudier de manière privilégiée les variations de la lumière et de jouer des différentes nuances de leur palette pour poser par endroits sur la toile de petites taches colorées : grâce à cette fragmentation de la touche, le sol n'est pas uniformément blanc mais irisé de reflets bleutés.

Les hivers passés à Louveciennes, à Marly-le-Roi ou encore à Veneux-Nadon inspirèrent à Sisley de nombreux paysages de neige, tel celui de l'ancienne collection Camondo qui illustre également les recherches de perspective menées par le peintre : un chemin enneigé s'enfonce vers l'arrière-plan et le petit personnage au centre de la composition apparaît comme une figure très isolée dans la nature hivernale. La sensibilité de l'artiste qui s'exprime dans ces paysages raffinés et délicats où la couleur joue en de discrètes harmonies peut s'expliquer par son origine britannique ; en outre, Sisley avait eu la possibilité d'admirer les œuvres de Bonington, Constable et Turner au cours des quatre années écoulées en Angleterre de 1857 à 1861 et à l'occasion de ses voyages ultérieurs. Rappelons également que la technique de l'aquarelle, très en faveur outre-Manche, avait contribué à introduire une certaine liberté dans la peinture.

Les vues du village de Louveciennes sous la neige exécutées par Sisley furent très appréciées par le célèbre auteur dramatique Georges Feydeau puisqu'il en posséda deux exemplaires, dont cette toile adjugée au comte de Camondo lors de la seconde vente de la collection Feydeau le 4 avril 1903. SG-P

# Alfred SISLEY (1839–1899)

## *Le canal du Loing* 1892

Huile sur toile, 73 × 93

Don d'un groupe d'amis de l'artiste au Musée du Luxembourg, 1899 (INV. 20 723)

En 1880, se produisit une grande rupture dans la vie de Sisley ainsi que dans son œuvre : le peintre abandonna la Seine-et-Oise où il résidait et travaillait depuis 1871 pour s'établir en Seine-et-Marne, là où il choisit de vivre jusqu'à sa mort en 1899. Il s'installa d'abord au sud de Fontainebleau, à Veneux-Nadon, puis en septembre 1882 il vint habiter à Moret-sur-Loing qu'il quitta dès octobre 1883 pour les Sablons. Ce ne fut qu'au mois de novembre 1889 qui Sisley retourna demeurer définitivement à Moret-sur-Loing : il n'est pas étonnant que le caractère pittoresque de la petite ville, avec sa situation privilégiée sur le Loing, ait attiré le peintre.

Au cours des deux dernières décennies de son existence, l'artiste peignait souvent le long du Loing ou sur les bords de la Seine à Saint-Mammès : c'est à cet endroit que se situe le confluent du Loing et de la Seine. Le 7 mars 1884, Sisley écrivait à Durand-Ruel : « Je me suis remis à travailler, j'ai plusieurs toiles en train (des bords de l'eau) ».

Parmi les nombreuses vues du canal du Loing laissées par Sisley, la toile entrée en 1899 au Musée du Luxembourg grâce à des amis de l'artiste regroupés par Monet offre une mise en page originale : le peintre s'était placé à un endroit où le canal amorçait une courbe et il apercevait la rive opposée à travers un rideau de peupliers aux troncs dénudés. Cette manière d'aborder ce motif rappelle les effets de perspective obtenus autrefois avec les routes tournantes se perdant à l'horizon.

L'année même où il signait cette peinture, Sisley s'expliquait ainsi sur son art au critique Tavernier : « ... le ciel ne peut pas n'être qu'un fond ... J'appuie sur cette partie de paysage, parce que je voudrais vous faire bien comprendre l'importance que j'y attache ... je commence toujours une toile par le ciel ».

SG-P

# Vincent VAN GOGH (1853–1890)

## *L'Italienne* 1887

Huile sur toile, 81 × 60

Don de la baronne Eva Gebhard-Gourgaud, 1965 (R.F. 1965–14)

Après une période d'errance où, incertain de sa vocation, il effectue quelques études de théologie pour travailler ensuite chez le marchand de tableaux Goupil successivement à La Haye, à Londres puis à Paris, ce n'est qu'en 1880 que Van Gogh, fils d'un pasteur hollandais, découvre sa vocation de peintre. Il s'en suit une série de peintures sombres, à la pâte épaisse, dont témoigne la *Tête de paysanne hollandaise* de 1884 également exposée au Jeu de Paume. Bien différentes s'avèreront les toiles que Van Gogh effectuera à Paris où il vient s'installer en 1886 auprès de son frère Théo et dont *L'Italienne* est un éclatant exemple. C'est un milieu artistique en pleine effervescence que Van Gogh découvre alors, nouant divers contacts avec des peintres d'avant-garde comme Toulouse-Lautrec et Emile Bernard. Il tire d'emblée parti des innovations déjà confirmées de l'impressionnisme dont l'effet immédiat est d'éclaircir une palette qui ne demandait qu'à vibrer de tous les pouvoirs de la couleur (voir à ce propos *La guinguette* de 1886 et *Le restaurant de la Sirène* de 1887). C'est très probablement la patronne du cabaret parisien Le Tambourin, l'italienne Agostina Segatori, connue des peintres et écrivains et notamment ancien modèle de Manet, que Van Gogh représente sur cette toile dans son costume haut en couleurs. L'établissement où le peintre accrocha ses propres œuvres et nombre de ses estampes japonaises était fréquenté des peintres et écrivains (Steinlen, Forain; Bonnard, Gauguin). La rigueur d'une composition presqu'abstraite (fond monochrome jaune et stricte bordure zébrée de rouge et de vert), héritée de modèles japonais, est vigoureusement compensée par la nervosité de la touche qui communique à l'ensemble une éclatante vibration. Cette œuvre exploitant à la suite de Seurat l'arbitraire des couleurs complémentaires, montre en Van Gogh un précurseur du fauvisme et des mouvements expressionnistes et abstraits qui suivirent.

CF-T

# Vincent VAN GOGH (1853–1890)

## *La salle de danse à Arles* 1888

Huile sur toile, 65 × 81

Donation de M. et Mme André Meyer sous réserve d'usufruit, 1950; abandon de l'usufruit, 1975 (R.F. 1950-9)

Fuyant Paris, Van Gogh gagne le Midi de la France et s'installe à Arles en février 1888. Ebloui de lumière, il y peindra certaines de ses œuvres les plus célèbres comme *Les tournesols, Le facteur Roulin* ou *L'Arlésienne*, toile que l'on peut également admirer au Jeu de Paume. Une fois à Arles, Van Gogh n'eut de cesse d'y faire venir Gauguin qui exerçait sur lui une véritable fascination. *La salle de danse à Arles* est sans doute la toile où l'influence de Gauguin sur Van Gogh est la plus sensible et, à travers celui-ci, celle de son jeune condisciple à Pont-Aven, le peintre Emile Bernard. Gauguin avait en effet apporté dans ses bagages une toile surprenante de Bernard représentant des *Bretonnes dans une prairie verte* dans un style très synthétique, fort éloigné de la réalité où des figures de paysannes violemment cernées de noir se découpaient sur un fond vert cru. Van Gogh fit une copie de cette œuvre dont il reprend certains procédés techniques dans *La salle de danse* : formes cernées, vives couleurs posées en a-plats à l'opposé de la touche impressionniste, silhouettes de femmes arbitrairement découpées au premier plan. Il s'agit là d'une œuvre quasi-expérimentale où Van Gogh tente d'aller au bout d'une théorie picturale, presque abstraite. Mais son tempérament fougueux communique à la toile une frénésie où les visages des personnages disparaissent à la limite de la caricature. On peut cependant identifier à droite le visage de Mme Roulin, épouse de l'ami de Van Gogh, le facteur, tous deux immortalisés par les portraits qu'il nous en a laissés. A la même époque, ce type de scène nocturne de bal populaire devait fournir à Lautrec comme à Seurat le sujet d'œuvres radicalement nouvelles.                                         CF-T

# Vincent VAN GOGH (1853–1890)

## *Portrait de l'artiste* 1889

Huile sur toile, 65 × 45
Don Paul et Marguerite Gachet 1949 (R.F. 1949–17)

Cet émouvant autoportrait est l'un des derniers d'une longue série comportant une quarantaine de versions successives à l'huile de sa propre image par un artiste littéralement obsédé par sa confrontation avec lui-même. Rien d'étonnant à ce que cet homme, mentalement vulnérable et fréquemment sujet à de violentes crises nerveuses, n'ait cherché à exorciser ses démons intérieurs par le truchement de leur projection picturale. Il préfigure en cela une lignée d'artistes de l'expression pure comme Munch, Ensor, Jawlensky ou Kokoschka, qui eurent fréquemment recours à l'autoportrait. Archétype s'il en fut de l'artiste maudit tel que le mit complaisamment en scène le XIXᵉ siècle, Van Gogh est aussi l'un des pères de notre propre modernité, en quoi s'explique aisément l'immense succès populaire de ses autoportraits, de celui-ci comme des fameux *Autoportraits à l'oreille coupée* ou *au chapeau de paille*. Dans cette toile probablement éxécutée, selon l'interprétation de la correspondance avec Théo, en septembre 1889 alors qu'il était encore à l'hôpital de Saint-Rémy, Van Gogh adopte un saisissant parti de monochromie violemment animée par la vigueur d'une touche en ondulations mouvementées. Cette conception d'un arrière-plan à lourde charge émotionnelle est typique de la manière de Van Gogh et bien différente des savantes mises en scène de Gauguin. Semblable pratique de la peinture, si vitale et authentique — le peintre devait se suicider l'année suivante — explique l'universalité du message de Van Gogh qui avait fait don de cette toile à son ami le docteur Gachet (voir p. 156). (voir p. 156) CF-T

# Vincent VAN GOGH (1853–1890)

## *La chambre de Van Gogh à Arles* 1889

Huile sur toile, 57 × 74

Ancienne collection Matsukata. Entré au Louvre en application du traité de paix avec le Japon, 1959 (R.F. 1959–2)

Universellement connue, *La chambre de Van Gogh à Arles* nous fait pénétrer dans l'intimité du peintre dont elle ne livre pourtant qu'imparfaitement le secret. La chambre rayonnante de couleurs vives aux harmonies criardes qui apparaît ici dans sa simplicité rustique, son dénuement joyeux, est celle même qu'occupait le peintre à Arles au cours de l'année 1888. Van Gogh en fit plusieurs croquis et trois versions à l'huile, la première en octobre 1888, puis deux copies, dont celle du Jeu de Paume, en septembre de l'année suivante. Il en parle à plusieurs reprises dans ses lettres à son frère Théo. Rêvant de réaliser autour de lui une véritable communauté artistique, le fameux «atelier du Midi», Van Gogh avait fait venir Gauguin auprès de lui. Mais les rapports orageux entre les deux hommes ne devaient pas manquer de se détériorer rapidement et l'on se souvient de l'épisode où, en proie à une crise de démence, Van Gogh lève la main sur son ami pour ensuite se trancher l'oreille. Au printemps suivant, Van Gogh se fait interner à l'hospice Saint-Paul à Saint-Rémy d'où il peindra cette toile. «Je travaille d'arrache-pied dans ma chambre, ce qui me fait du bien et chasse à ce que je m'imagine, ces idées anormales», écrit-il à Théo en septembre 1889. Souvenir radieux d'un homme désormais interné, tentative d'exorcisme également que cette évocation rétrospective de la chambre d'Arles par celui pour qui l'exercice de la peinture était une véritable thérapeutique. Les couleurs stridentes, largement déconnectées de la réalité, la perspective basculante et le vide criant de cette pièce paradoxalement si bien rangée sont d'une grande puissance évocatrice. Telle liberté d'inspiration ne fut pas sans influencer le Matisse des *Grands intérieurs*.                    C F-T

# Vincent VAN GOGH (1853–1890)

## *La méridienne* ou *La sieste* 1889–90

Huile sur toile, 73 × 91

Donation de Mme Fernand Halphen sous réserve d'usufruit, 1952 ; entré au Jeu de Paume en 1963 (R.F. 1952–17)

Outre certaines admirations à nos yeux un peu déconcertantes comme celles qu'il nourrissait pour des peintres contemporains comme Monticelli ou Ziem, et cela d'un point de vue de coloriste, Van Gogh tout au long de sa brève carrière tira toujours le plus grand profit de l'étude des grands maîtres. C'est ainsi qu'il puise auprès de Rubens qu'il copiait déjà à Anvers en 1885–86, de Rembrandt et, plus près de lui, de Delacroix (*La pietà, Le bon Samaritain*), Gustave Doré (*La ronde des prisonniers*) ou de J.F. Millet des leçons essentielles. *La méridienne* également intitulée *La sieste* est une copie d'après le deuxième d'une série de quatre dessins de Millet reproduits en gravure par J.A. Lavieille représentant les *Quatre heures du jour* des paysans : *Le départ au travail, La méridienne, La fin de la journée* et *La veillée*. Interné à Saint-Rémy, ne pouvant peindre sur le motif en raison d'un état de santé encore précaire, Van Gogh réalise cette peinture en chambre en décembre 1889 et janvier 1890. « Je trouve que cela apprend et surtout console », écrit-il à Théo. « C'est pas copier pur et simple … C'est plutôt traduire dans une autre langue, celle des couleurs, des impressions de clair-obscur en blanc et noir. » Cette lumineuse transcription est basée sur un accord de jaune et de bleu où la vivacité de la touche anime la merveilleuse harmonie de lignes et de masses héritées de Millet. Une commune conscience de la dignité des pauvres et de leur universelle valeur unissait depuis toujours Van Gogh à Millet et il s'en inspira maintes fois tout au long de sa carrière. Picasso puisera aux mêmes sources dans sa période classique en 1919. C F-T

# Vincent VAN GOGH (1853–1890)

## *Portrait du docteur Paul Gachet* 1890

Huile sur toile, 68 × 57

Don Paul et Marguerite Gachet, 1949 (R.F. 1949–16)

«Ce qui me passionne le plus, beaucoup, beaucoup davantage que tout le reste dans mon métier, c'est le portrait, le portrait moderne. Je le cherche par la couleur ... je voudrais faire des portraits qui un siècle plus tard aux gens d'alors apparussent comme des apparitions», écrit Van Gogh à sa sœur Wilhelmina en juin 1890. De cette époque date le *Portrait du docteur Paul Gachet* ainsi que l'autoportrait de 1889 (voir p. 150). Après un bref séjour à Paris du 18 au 20 mai 1890, Van Gogh, remis sur pieds, part s'installer dans la vallée de l'Oise, à Auvers, où l'accueille l'extraordinaire docteur Gachet. Dans cette vallée déjà élue des peintres de Barbizon, Daubigny, Corot, Dupré, et où séjournèrent entre autres Pissarro, Cézanne et Guillaumin, ce médecin, passionné par les maladies mentales — il fut l'auteur d'une thèse sur la mélancolie — aide avec un exceptionnel discernement et un total désintéressement les peintres ses amis. Cet «incontestable premier amateur de la peinture nouvelle» comme le qualifiera Gustave Coquiot, offrit à Van Gogh la dernière amitié de son douloureux parcours, l'assistant dans ses derniers instants après sa tentative de suicide. «Si de la mélancolie ou autre chose deviendrait [sic] trop forte pour que je la supporte, il pouvait bien encore y faire quelque chose pour en diminuer l'intensité ...» écrit Van Gogh qui fit de lui trois portraits d'une poignante expressivité.

La donation Gachet consentie aux Musées Nationaux par les enfants du docteur Gachet est l'un des fleurons du Jeu de Paume où sont exposées côte à côte plusieurs chefs-d'œuvre de Cézanne (*Une moderne Olympia*, p. 24; *La maison du docteur Gachet*), Sisley, Renoir et Guillaumin, avec les ultimes toiles de Van Gogh (*Le jardin du docteur Gachet* et *L'église d'Auvers-sur-Oise*, p. 158). CF-T

# Vincent VAN GOGH (1853–1890)

## *L'église d'Auvers-sur-Oise* 1890

Huile sur toile, 94 × 74

Acquis avec le concours de Paul Gachet et d'une donation anonyme canadienne, 1951 (R.F. 1951–42)

«Ici la foi d'un seul homme, maintenue malgré la folie, maintenue malgré la menace de mort, s'égale à la ferveur de la multitude ...» écrit André Malraux en 1952. L'entrée de *L'église d'Auvers-sur-Oise* dans les collections nationales en 1951 a doté le Jeu de Paume d'un des ultimes chefs-d'œuvre de l'artiste. Van Gogh décrit ainsi sa toile dans une lettre à sa sœur que l'on peut situer entre le 4 et le 8 juin 1890 : «Avec cela, j'ai un grand tableau de l'église du village — un effet où le bâtiment paraît violacé contre un ciel d'un bleu profond et simple, de cobalt pur, les fenêtres à vitraux paraissent comme des taches bleu outremer, le toit est violet et en partie orangé. Sur l'avant-plan un peu de verdure fleurie et du sable ensoleillé rose. C'est encore presque la même chose que les études que je fis à Nuenen de la vieille tour et du cimetière, seulement à présent, la couleur est probablement plus expressive, plus somptueuse.» Van Gogh devait s'éteindre deux mois plus tard, le 29 juillet 1890. La silhouette animée de l'église vue depuis l'abside se découpe sur un ciel bleu intense comme éclairée de l'intérieur d'une grande ferveur mystique. Elle concentre toute l'énergie de la toile dans un ultime élan fortement ponctuée par les vives touches morcelées du premier plan. La petite paysanne rapidement croquée à gauche s'y révèle le symbole d'une dérisoire contingence. Bien différent du Monet des *Cathédrales* qu'on peut admirer dans une salle voisine, Van Gogh est ici particulièrement proche des nocturnes visions que ne tarderont pas à orchestrer les peintres expressionnistes comme Munch ou Kirchner ainsi que Mondrian ou Kandinsky à leurs débuts.                                   CF-T